Arthur Raumair

Über die Syntax des Robert von Clary

Arthur Raumair
Über die Syntax des Robert von Clary
ISBN/EAN: 9783744677103

Hergestellt in Europa, USA, Kanada, Australien, Japan

Cover: Foto ©Thomas Meinert / pixelio.de

Weitere Bücher finden Sie auf **www.hansebooks.com**

Über die

Syntax des Robert von Clary.

Inaugural-Dissertation

zur

Erlangung der Doktorwürde

der

philosophischen Fakultät der Universität zu Erlangen

vorgelegt

von

Arthur Raumair

aus Traunstein.

Erlangen 1884.
Druck der Universitäts-Buchdruckerei von E. Th. Jacob.

Vorwort.

Bei der wichtigen Stellung, welche Robert de Clari unter den Prosadenkmälern des 13. Jahrhunderts einnimmt, dürfte sich ein Eingehen auf dessen syntaktische Eigentümlichkeiten von selbst rechtfertigen. Auch ist Robert unter den bekannteren Chronikern alt- und mittelfranzösischer Zeit der einzige, der von diesem Gesichtspunkte aus noch von keiner Seite einer spezieller Würdigung unterzogen worden ist. Besonders hatte sein berühmter Zeitgenosse Villehardouin unlängst durch A. Haase eine ebenso umfassende als gründliche Bearbeitung gefunden, die es uns nahe legte, die syntaktischen Verhältnisse jenes Chronikers in nachfolgender Darstellung gelegentlich zum Vergleiche heranzuziehen. Mit Rücksicht auf den nicht sehr grossen Umfang der Chronik Roberts glaubten wir, unsere Untersuchungen auf womöglich alle wichtigen Kapitel der Syntax ausdehnen zu sollen. Ueberall wurden hiebei die einschlägigen im Nachfolgenden zusammengestellten Vorarbeiten benützt, und, wenn es sich nicht gerade um allgemein bekannte Erscheinungen handelte, an entsprechender Stelle zitiert. Die Beispiele sind überall in erschöpfender Anzahl beigebracht, wo nicht durch ein „etc." angedeutet ist, dass sich ihre Anzahl noch leicht vermehren liesse. In den Citaten bedeuten römische Zahlen die Nummern der Kapitel, arabische die Anzahl der Zeilen; u. = von unten. Die in folgender Arbeit benützten und durch Abkürzungen bezeichneten Abhandlungen und Werke sind:

Bischoff, (Bisch., B.) = Der Konjunktiv bei Chrestien v. Dr. Fritz Bischoff. Halle, Niemeyer. —
Bockhoff (Bockh.) = Bockhoff, Tempora im Rolandsliede. Münster 1880.—
Burguy = Burguy, Grammaire de la langue d'oïl. —
Chassang = Chassang, Nouvelle Gram. française. Paris 1882.
Darm. = Darmesteter, Le Seizième Siècle en France. —
Ebering (Eb.) Synt. Stud. zu Froissart v. Emil Ebering. Halle 1881. —
Frz. St. = Französische Studien. —
Gellrich (Gellr.) = Rem. sur l'emploi de l'article en v. Fr. Langenbielau 1881. —
Gessner (Gessn.) = Zur Lehre v. frz. Pronomen, v. Dr. E. Gessner. Berlin Starke. —
Gr. = Diez, Grammatik, III. Bd. —
Haase (H.) = Haase, Synt. Unters. zu Villehardouin u. Joinville. Oppeln 1884. —
Hammesfahr (Ham.) = Zur Komparation im Afs. v. Alex. Hammesfahr. Strassburg, Trübner 1881. —
Keding = Synt. d. Teilungsartikls, v. K. Keding. Guhrau 1870. —
Klatt (Kl.) Dr. Ludw. Klatt. Zur Synt. d. Afz. Oldenburg 1878. —
Krollick (Kroll.) = Konjunktiv bei Villeh. v. Krollick. Greifswald 1877. —
Krüger (Kr.) = Ueb. d. Wortstell. im 13. J. v. Dr. Paul Krüger. Berlin 1876. —
Mätzn. S. = Mätzner, Syntax d. neufrz. Sprache. —
Nfz. Z. = Zeitschr. f. neufrz. Sprache u. Litteratur. —
Dr. Fritz Neumann = Zur Laut- u. Flexionslehre d. Afz. v. Dr. F. N. Henninger. Heilbronn 1878. —
Rom. St. = Romanische Studien. —
Wailly = Mémoire s. la langue de Joinville p. Natalis de W. Paris 1868. —
Weil (W.) Weil, De l'ordre des mots. etc. Paris 1869. —
Z. = Zeitschr. f. rom. Phil. —
Ziemer = Junggrammatische Streifzüge etc. Colberg 1882. —

Einleitung.

Das Manuskript unseres Textes, der von Karl Hopf in seinem Werke: „Chroniques Gréco-Romanes, Berlin 1873, p. 1—85 herausgegeben wurde, befindet sich in der Königlichen Bibliothek zu Kopenhagen, Ancien fonds Nr. 487 in folio; der ganze Kodex enthält 5 Texte, von denen der letzte (f. 100—128) mit den Worten beginnt: Ichi commenche li prologues de Constantinople, comment ele fu prise; apres si orres, pour coi on i ala." — Der Autor dieser Chronik, Robert de Clari (Cap. CXX), war ein armer Ritter aus Amiens in der Pikardie (Cap. I); er beteiligte sich am Kreuzzuge vom Jahre 1202, machte 1203 u. 1204 die Belagerung und Erstürmung Konstantinopels mit, und starb, wie man aus Cap. CXIX vermuten kann, nach 1216 (s. Hopf, Einleitung p. IX).

Die Mundart, in welcher Rob. seine Chronik verfasste, ist die pikardische. Im Folgenden seien einige charakteristische Züge dieser Mundart hervorgehoben:

1) *c* vor lat. *a* erhält sich im Pik. unter demselben Schriftzeichen. Beispiele: *capeax* (XXXVII), *escapa* (ib.), *cache* (XVIII) *castiaus* (VIII), *candeilles* (XII). *caudiere* (XXVI) *caaine* (XLIV), etc. — Ausnahme: *char* (XXV).

Diese Schreibung *c* beweist nun freilich noch nicht sicher für die Lautung *k* (vgl. Z. III, 177). Indessen lässt sich, obwohl bei Rob. nie, wie sonst in Pikard. Texten, *k, qu* geschrieben wird, der Laut *k* für das *c* in diesem Falle aus der Schreibung mit *k* unter Nr. 2 mit Sicherheit erschliessen. — Das *ch* in *char* braucht nicht der Zischlaut zu sein, kann vielmehr ebenfalls = *k* sein; vgl. Z. III 165 Anm., und Fälle, wie *chascune* neben *cascuns* in derselben Urkunde bei Raynaud, Dial. pic. XXXIV 6 bzw. 11 (vgl. Fritz Neumann, 77 u. 78).

2) Dasselbe gilt von einem aus *a* entstandenen *e, ie*. Beispiele: *kief* (XLIV), *markie* (VI), *kier* (LXVII), *kierte* (XXXVI), *hukier* (XXXIV), *tresbukier* (CIX), *sakier*, *sake* (LXXVI), *mouskes, mouskerons* (LXV).

Ausnahmen: *chevalier* (CVII), *chevax* (XIII), doch wird *ch* auch hier = *k* sein; vgl. Zeitschr. a. a. O. u. z. B. *cheval* neben *keval* in derselben Urkunde. Tiers-Etat I 81.

Derselben Behandlung unterliegt deutsches *k* vor ursprünglichem *e* u. *i*: *rique*, *rikes* (XIII), *rafreski*, *rafreskirent* XIII etc.

3) Ebenso erhält sich *g* vor urspr. *a*: *gois* (XII etc.), *mangonniax* (XLIV), *gambe* (LXXXII) *galie* (XXIII), *longaigne* (XXV) etc.

Ausnahmen: *joules* (XXI), *venjast* (XIV, XXI), *venjanche* (CIX), *loja* (XXXI), *desloja* (XXXVII) —

Wo *a* zu *e, ie* wurde, findet sich gleichfalls *g*: *longement* (CII) (neben *larguement* LXXVIII), *largement* (LXVI), *mengie* (XCVII), *vengier*).

4) *t* erhält sich im Pik. besonders hinter *u* länger als in den übrigen Mundarten: *jut* (XXV), *teutes* (CXX), *corut* (CVI), *eslut* (XCV) *eslit* (XCIV, XLVI), *courchiet* (CXIII).

5) Die Verschlusslaute *d* u. *b*, welche in andern Mundarten zwischen 2 Mittellauten, und zwar an der Artikulationsstelle des ersten derselben, auftreten, fehlen in der Regel im Pik.: *venront* (XCI), *vaurront* (CVII), *vauroit* (LVII) *sanleroit* (XCI), *ensanle* (XVIII).

Ausnahmen: *ensamble* (II), *mieudres* (XXXIII).

6) *l* (u. mouilliertes *l*) hinter langem *i* erhielt sich im Pik. im Gegensatz zu andern Mundarten, bis seine Vokalisierung in *u* eintrat, daher: *perix* (LXXVIII) ($x = us$), *fix* (I), *gentix* (XCV).

7) *e* statt *ie* ist im Pik. selten: *mouster* (XXII, XXIII), *quisiners* (XLV), *matere* (XXXIV); jedoch weist die Hs. Rob.'s dieses *e* auch sonst auf, wo es dem Neufz. *e* entspricht: *venger* (XVIII) *aprocher, chevacher, herberger* etc. (vgl. Suchier, Auc. u. Nic. 59, 8.).

8) *e* vor latein. *e* oder *i*, sowie *t* vor *i* (*e*) + Vokal werden im Pik. zu *ch* od. *c* (Lautung *tsh*): *proeches* (I etc.), *franchoises* (XVIII), *convenanches* (XI), *commenche* (I), *veschi* (XXVII), *cachier* (XXXVI), *Venicien* (LXI), *grace* (LX), *ochirroit* (LXII).

9) Verwechslung des *j* mit *g*, die auf den unter Nr. 3 besprochenen Gebrauch zurückzuführen ist, liegt vor in f. B.: *g'irai* (VI), *giueroit* (XC), *gius* (ib) neben *juoit*, *jus* (XC), *serjans* (XI).

10) *t (d)* + *s* im Auslaut gibt im Pik. stets einfaches *s* (sonst *z*): *serjans* (XI), *markaans* (XXXIV), *confors* (XXXVI), *vallans* (I), *grans* (XXII), *corones* (XXIII), *asses* (I).

Ebenso: *sts* = *s* : *chis* (LXXXI).

Ausnahmen fehlen.

11) Statt zwischen *s* u. *r* (3. P. Pl. Ind. Perf.) den entsprechenden Verschlusslaut (*t*) einzuschalten, stiess das Pik. *r* aus: *prisent* (II), *disent* (IV, neben *dirent*), *fisent* (VII), *misent* (XIII), *requisent* (LVI).

12) In der Verbindung *bl* (*pl*) wird im Pik. der Verschlusslaut zum Reibelaut (*v*), der nun seinerseits zu *u* wird und oft verschwindet: *caauvles* (LXXI), *desfensaule* (XLIII), *raisnaule* (XXXIII), *estaulirent* (XLV), *taule* (LXXXV), *joules* (XXI), *affula* (XCVI), *eulia* (LXII), neben *oublierent* (XLV).

13) Die Accus. des Pron. poss. Konj: lauten im Pik. *men* (LIX), *sen* (XVIII) etc. . . . ; vgl. dazu *volentiers* (VI), *eskemeniement* (XIV), *kemanda* (VI), *demaine* (LXIV), *ordena* (XXXIII) etc.

14) Aus offenem *o* vor *l* entstand durch Auflösung des *l* der Diphthong *ou*, der wegen seines offenen *o* Gehaltes leicht in *au* überging: *vauroient* (II), *decauperoient* (CIV), *caucha*, *descaucha* (XCVI), *saullers* (XCVI), *assaus* neben *assous*, (XV), *caup* neben *coup* etc.

15) Statt *a* findet sich im Pik. stets *e* in den weiblichen Formen der Bestimmungswörter: *le* (art., I), *me* (XII etc.), *se* (XI etc.)

Ausnahmen fehlen.

16) Lat. *il* + Kons. wurde im Pik. zu (*e'al, ea'l, eau*) *iau* (sonst *eu*): B. nur: *chiaus (ecce illos*, XI etc.*)*, *caveax* (XXXVII).

Ausnahme: *aus* (XIII).

17) Dem Pik. eigen ist ferner der Uebergang von tonlosem *oi* (u. *ei*) vor *ss* zu *i*: *connissies* (CI), *reconnissoient* XXXV).

18) *iee* wird öfter zu *ie* reduziert: *corchie* (LIII), *carkie* (LXVI), *perchie* (LXXV), *apourije* (XII. Z.).

Ausnahme *mariee* (LIII).

19) *w* für deutsches *w* (selten für lat. *v*) findet sich in nördlichen Mundarten: *wardes* (CVII), *eswarderent* (CVI), *waires* (XXVII), *warir* (XXI), *warnir* (XXXVI), *waaignierent* (XXXIII), *livaissent* neben *liwer* (VI).

20) An einen Zug der normannischen Mundart erinnern f. Formen: *unt* (XI), *rumpi* (XXIII), *vus* (XI etc). —

Erster Teil.
Gebrauch der Wortarten.
I. Steigerungsgrade des Adjectivs.

1) Der organische Superlativ kann sich, da er nur eine Verstärkung des Adjektivbegriffes ist, mit dem unbestimmten Artikel verbinden (vgl. Gr. III, 11 Hammesfahr 22): *et avoit li navies une grandesme liwe de front* LXXIV, 7. Doch ist auch hier, wie vor Adjektiven im Positiv (s. Artikel p. 2) der Artikel entbehrlich: *si s'en commenche a aler grandesme aleure* p. 29, 4, — *Et chil Commain et chele gent venoient grandesme aleure* CXII, 14.

2) Um den höchsten Grad der Möglichkeit auszudrücken, setzt der Lateiner nach Relativen, wie *quantus, quam, ut* den Superlativ, der Romane gewöhnlich den Komparativ (Gr. III 12, 6): a) *Se se trait il plus pres qu'il peust de chu balliu* XXI Schluss — *et tant que li empereur et li haut homme de l'ost i misent consel et plus bele concorde que il peurent* p. 79, 3. Jedoch sind die Ausnahmen ungleich zahlreicher: α) *au miex qu'il peurent* X Schluss. *au plus tost qu'il peut* XV Z. 3 v. Schluss. Ebenso: XIX, 2; XLIV p. 38, 18, LXXI, 2; LXXIV 8, ib. p. 59, 6. — β) *feroit le miex qu'il porroit* XCIX Schluss *si ordena le miex qu'il peut se bataille* p. 25,8. — b) Nach dem relativen Pronomen: *et de chiax qui plus y fisent de proesches et d'armes* p. 2 letzte Z., p. 3,2 ; I, 7, 15.

Dass das Altfrz., wie aus ob. B. hervorgeht, minder strenge als das Lateinische zwischen Komparativ u. Superlativ unterschied, hat vor allem in der geringen formellen Entwicklung der Superlativformen, die nichts anderes als durch Voraussetzung des Artikels fixierte Komparative sind, seinen Grund (vgl. hierüber Ham. 31, 32). — In Punkt 2 neigt sich u. T. mehr dem neufrz. Gebrauche zu, demzufolge zum Ausdruck des höchsten Grades der Superlativ dient.

II. Vom Artikel.

A. Der unbestimmte Artikel.

1) Im Plural scheint derselbe im Altfrz., wie im Spanischen u. Portugiesischen (Gr. 21,2), oft die Stelle des Teilungsartikels zu vertreten: *Che sont une gent sauvage, qui . . n'ont borde ne maison; ains ont unes tentes de feutre, uns habitacles ou il se muchent* p. 52,5 ob.; *et li Franchois fisent faire uns autres engiens que on apeloit cas, et carchois et truis pour miner as murs* p. 56,4; *et se herbegierent illueques tout ensanle en unes mansions qui i estoient* LV, 7; *Si est Blakie une moult fort tere, qui toute est enclose d'unes montaingnes* LXIV, Schluss Ebenso sind gebraucht: *uns alooirs* XXIII, 3; *unes vermelles cauches; uns saullers* p. 74,1; *unes lettres* XIV, 11; *d'unes coses* XXXII, 2; CVI, 17; *d'unes corgies* LXIV, 6 u.; *unes vesteures* LXV, 22; *unes plaches* p. 62 letze Z.; *unes vautes qui estoit (!) portees d'unes grosses colombes* LXXV, 3 *unes loges* XC, 6.

Der Substantivbegriff wird in der älteren Sprache oft in seiner Allgemeinheit gesetzt, wo er im Neufz. durch den unbest. Artikel als Einzelbegriff einer Gattung herausgehoben wird; sehr beliebt war dies a) bei Quantitätsbestimmungen mit attributivem *grand* (vgl. Archiv 49, 166, zitiert bei Haase 66) B: *que il li donrroient grant partie de l'avoir que . . .* IV, 10. Ferner: XLVIII Schl. L, 2; LII, 7, 8; p. 44, 3, 18, 30; *moult grant plente* (vgl. engl. plenty ohne Artikel) p. 44, u. p. 44 u. — b) LIX, etc. Ebenso vor *autre, tel*, z. B. *et il kemanda autre fois* (ein 2. Mal) p. 16,2. Ebenso p. 35, 3 u.; p. 50,6; p. 26,20; *autre fois* CXII, 11 (ebenso neufrz.): *autre cose* (ebenso neufrz. c'est autre chose etc.), ferner stets in dem Ausdrucke *d'autre part* XX, 7 etc. — *en tel point* p. 45, 3; *tele kierte* LX Schl. (vgl. auch neufz. beaucoup etc.). — c) Ferner fehlt der unbestimmte Artikel oft in negativen Sätzen, besonders wenn sie die Partikeln *ne-onques, jamais, ne-ne* enthalten, wie noch heute, wenn *jamais* an der Spitze des Satzes steht, oder bei *ni - ni*, etc.

B. Der bestimmte Artikel.

1) Bei **Eigennamen.**

a) Von den Personennamen findet sich *li Vernas* (= *Alexis Branas*, Hopf, Einleit. 24) immer mit dem Artikel. Dieser Name wird auch von Gellrich 38 zitiert, der den Artikel aus dem Griechischen oder aus einem urspr. Gattungsnamen hergeleitet wissen will.

b) Der Name der Stadt *Jconium* wurde in u. T., und auch sonst (Gellr. 39, Haase 43) mit dem Artikel verbunden, was wohl durch Verwechslung von *d'Icoine* mit *du Coine* veranlasst worden ist: *au Coine* XX Schl.; *du Coine* p. 44, 15.

c) von Ländernamen werden in u. T. (abgesehen von den B. jmit *en* od. *de*) nur folgende (entferntere) ohne Artikel angetroffen: *a Blakie* p. 52, 5, *Blakie* (Nom.) LXIV Schl.; *Commaine* p. 52, 4.—

d) Bei Völkernamen finden sich auch in u. T. noch Spuren des im X. u. XI. s. (Gellr. 8, 13) herrschenden Gebrauches, den Artikel wegzulassen: *qui Flamenc estoient* I. — *tere de Sarrasin* V. *parlerent u Genevois* VI — *si manda tous chiax de le vile et Genevois qu'il i avoit* XXXVI; *Chis empereres amoit moult Franchois* XVIII p. 12; *et avoient galies de Griois qui aidoient le caaine a deffendre* XLIV, 3; *et qu'il estoient pieur que Juis* LXIII p. 58; *Engles, Danois* LXX, 2.

e) Der Artikel bei Himmelsgegenden, der in einigen poetischen Texten des XII. s. Regel war (Gellr. 31), kommt bei Rob. nicht vor: *vers occident* XCI, ib., XCII. — Die Wochentage sind mit dem Artikel verbunden: *le deluns* LXXIV, 3.— Von den Monatsnamen findet sich nur *l'aoust* IX.— Die Namen der 3 Feste *noel, pasques, pentecoste* wurden im Afz. verschieden behandelt (Gellr. 42). Bei Rob. nehmen *pasques* u. *pentecoste* den Artikel zu sich: *le pasque* IX, XXXI, *a le p.* IX, *vers le p.* XIII, *entre le pentecoste* IX. — Jedoch *devant paques flouries* LXX, 2. *Noel* findet sich zweimal mit, einmal ohne Artikel: *au noel* XVII, *li noeux* LXIX, 1. — *tous sains* ohne Artikel: LVII, 6 v. Schl. LX, 6. *quaresmes: si fu pris de l'entree du quaresme* LXIX, 2. — *Saint-Esprit*, noch im 12. s. ohne Artikel (Gellr. 55), bei Rob. mit Artikel: *si canta on une messe du saint esperit, que li sains esperis les conseillast* XCIV Schl.

2) Bei **Gattungsnamen** dient der Artikel, wie im Neufrz sowohl zum Ausdruck der bestimmten Individualität als der ganzen Gattung, und zwar a) bei konkreten Subst. ist derselbe, wie bei Villehardouin (vgl. Haase 36) schon zur Regel geworden; auffallende Verstösse gegen diese Regel finden sich nur an f. zwei Stellen: *Quant li serjant et le gent qui estoient avec balliu virrent que li vasles avoit si pourfendu le balliu, si s'en fuirent* XXII, 1. — *Si envoient il pour patriarche qui a meesme d'iluec estoit en sen palais* p. 18, 4.

Sodann sind noch einige Bemerkungen über solche Subst. zu machen, die als Einzelwesen den Eigennamen nahe stehen (Gr. 25): *terre* kommt nur in der Zusammenstellung mit mer, oder nach Präpositionen ohne Artikel vor: *ni par mer ne par tere* XXXV, XXXVI; ebenso *mer : en mer* XXXI, XXXIII, *oultre mer* (oft, z. B. IV, XII, XIII); aber auch *en le mer* XLVI; ferner *eau : par yaice* LV. — In der Verbindung *conquerir terre* ist *terre* nicht in seinem allg. Begriffe zu fassen, sondern = Ländereien, Güter: *que il avoit tere conquise* LXXIX, ib. — *jour* vereinzelt ohne Artikel: *anchois qu'il fust jours* p. 26, 8; *car se vos y demoures tier jour* p. 26, 4 *); *ains jour* XXXVI, aber *ains le jour* p. 29, 1. — *hiver*: *Seigneur, il est ore yvers* XIII, 2; *en l'iver* LXV p. 52.

Von Stoffnamen ohne Artikel haben wir f. B. zu notieren: *si waaignoit chus valles a se mule en vins qu'ele portoit* . . XXI p. 16; *et de plus aporteroient tout a l'ost . . . hors euxtius et viande* LXVIII; *ne (femme) ne despouilleroient de drap que ele eust vestu* LXVIII; *mais char et vin avoient il asses, si eut puis asses chou que mestier li fu et pain et vin et char* CII; *viande* XXXII Schl., XXXIII, 13; XXXVI.

b) Ueber die **Abstrakta** ist nichts Wesentliches zu bemerken.

c) Nach attributivem **tout** überwiegt der Gebrauch des Artikels bei Rob. entschieden; vernachlässigt ist er nur selten (vgl. Nfrz. Zschr. IV, 100): *en tous commans y en tous besoins*

---

*) Vgl. hiezu Ausdrücke, wie sie sich in der Passion finden, zitiert bei Gellr. 11: *terce vez* = *la troisieme fois* u. *devant primera* = *la premiere*, während die ähnlichen Ausdrücke aus Joinville, siehe Gellr. 45, den Artikel nicht mehr entbehren: *la seconde fois, la tierce fois.*

I, 18; *si i croit toute jour* LXV p. 52, 25 (vgl. Gellr. p. 23, 45, 57); ferner im adverbialen Wendungen, wie noch heute: *de toutes parts* LXVI; *tous dis* LXVI; *totes eures* LXXXI; *tous jours* XI.

d) Die Wendungen, in denen sich ein Subst., sei es abstrakt oder konkret, mit dem Verbum zu einer Einheit des Begriffes verbindet, so dass ihm kein Artikel mehr zukommen kann (Gr. 31), sind noch im Neufrz. häufig, u. auch aus u. T. in groser Zahl beizubringen. Belege überflüssig.

Ueber die Fälle, in denen der Artikel gesetzt wird, während das Neufrz. denselben entbehren könnte, ist Folgendes zu bemerken: a) Nach einem Ausdrucke der Quantität folgt Rob. stets der modernen Anschauung, wiewohl dieselbe erst seit Commines (Z. I, 198; Haase 40, 41) zu allgemeinem Gebrauche erhoben worden ist. Eine Ausnahme macht nur f. B.: *et fisent li tant de le pure honte que* ... p. 21, 15. — b) Hieran schliessen sich noch einige Wendungen, in denen Rob. in Uebereinstimmung mit Joinville (Haase p. 41) sich gegen den heutigen Gebrauch des bestimmten Artikels bedient: *si se met a le voie* XXII, 5 (XXXVII, LXX, XXXIII p. 25, 2); *tant ala a mont et a val li cris* (ein Geschrei) XXII, 14. — c) Bei Zeitwörter des Nennens setzte die alte Sprache nicht ungern den Artikel zum prädikativischen Subst., das α) entweder den Namen selbst bezeichnet, oder β) den Stand, die Würde der daraufolgenden Person angibt. (So noch bei Commines Z. I, 490, vgl. Haase 41; Gr. 34 Anm.): ad α): *le Blanche l'apeloit on* CIII; ad β) *si demanderent de le sereur le roi de Franche, que on apeloit l'empeeris de Franche, si ele vivoit encore* LIII. — Hinzuzufügen ist, dass dies auch von Sachen gilt: *que on apeloit le sainte capele* LXXXII, 8; *le mantiax d'or* LXXXIII; *les jus l'empereur* XC. — d) Im Afrz., sowie auch bei Rob. war in der Apposition der Artikel die Regel (vgl. Gellr. p. 44). Nur einmal ist derselbe in u. T. vernachlässigt, wo es sich sogar um eine unterscheidende Bestimmung handelt; diese Erscheinung wird von Gellr. (p. 69) noch für das XVI. s. belegt, u. dem Einflusse des Latein. zugeschrieben: *et le kief monseigneur saint Jehans Baptistre* LXXII Schl. — e) Bei einem Vergleiche mit comme ist der Artikel im XI. s. durchwegs vernachlässigt; vom XII. s. ab wird er gesetzt bei einem eigentlichen Vergleiche, jedoch ausgelassen, wenn das Subst. die Identität ausdrückt, u. man den unbest. Artikel erwarten sollte (Gellr. 31); Rob. scheint diesen Unterschied nicht festzuhalten: *Et si i trova on le beneoite corone, qui estoit de joins aussi pougnans comme fers d'alesnes* LXXXII, 4 v. Schl. *que on i trova II pieches de le vraie crois aussi grosses comme le gambe a un homme et aussi longes comme demie toise* LXXXII; *a une grosse caaine d'argent aussi grosse comme le brach a un homme* LXXXV. — Mit dem unbestimmten Art.: *un abitacle . . qui estoit ausi fait comme uns clokiers* LXXXV; *un curre d'or qui estoit ausi fais comme uns cars a IV roes* LXXXIX; *se li reversoit (li palles) en ariere par deseure le senestre brach ensement comms un fanol* p. 74, 8; *qu'il voloit partir comme chevaliers* XCVIII, 9 u. 10 (Identität); daneben (Vergleich): *et il dist que si estoit, que ausi avoit il eu cheval et herberc comme uns chevaliers* ib. 11; aber auch: *li quens de Saint Pol fist le jugement que ausi deroit il partir comme uns chevaliers* ib. 12; ib. 15; dazu: *comme li chevalier* ib. 16.

3) Das Adverb lendemain scheint noch als Zusammensetzung empfunden zu werden, da es nur ohne Artikel auftritt. Zu bemerken ist, dass die Texte des 12. s. diese Fusion des Artikels mit dem Adverb *endemain* noch nicht kannten (Gellr. 32): III, 7; XXV p. 20, 16; CI.

4) Bei Zahlwörtern tritt der Artikel manchmal auf, wenn er „den zunächst in Betracht kommenden Teil von einer grösseren gedachten oder genannten Zahl bezeichnet" (Gr. III, 42), was sich noch im XVI. s. u. teilweise sogar im Neufrz. findet (vgl. Chassang 223, II, Haase 35). Als Beispiele sind zu verzeichnen: *Li balliu s'en alla pour prendre ches III freres. Mais il n'en prist que un, et li doi escaperent* p. 16, 8; *li doi autre s'en fuirent* ib.; *et ne fisent que VII batalles de VII chens chevaliers* XLIV Schl.) ... *Apres quant il eurent atire les III batalles, qui se combateroient a l'empereur, si atirerent les autres IV qui l'ost garderoient* (XLV p. 39, 4). *Apres si kemenda on que li quens de Flandres et mesires Henris qui eurent les III batalles se conbatissent a l'empereur.* Daneben auch das adj. Demonstr.: *et de ches VII chens en estoient li L a pie* XLIV Schl.; *et ches IIII bat.* p. 39,9 etc. — Ferner: *et li dux fist armer IIII galies, si s'en entra en l'une et les III fist aler*

avec lui pour li warder p. 48, 14; *l'un des enfans a seigneur* CI, 4 v. Schl. — Doch **fehlt** der Artikel manchmal vor *un:* *Mais il n'en prist que un, et li doi escaperent* p. 16, 8; *Seigneur, je loeroie bien que on presist X galies et que on mesist le vaslet en u n e et gens avec lui* XLI; *que a leur ensient eslirroient X des plus preudommes . . . , et il si fisent, si que quant il en apeloient un qu'il l'estovoit venir avant* XCIV p. 72, 4 u. — Ebenso fehlt der Artikel zuweilen vor *un*, wenn dieses *a u t r e (el)* gegenübergestellt wird (Nfz. Z. IV 100): *si avoit li marchis tous chiaus de Sur et Genevois qui i estoient et uns et autres tous a sen acost* p. 27, 13; ebenso XXXVI; *d'uns et d'autres* XLVIII Schl.; XCV, 2; *que par un que par el* p. 52, 1. — Mit dem Artikel: *as uns et as autres* LXV, 4; *l'un et l' a u t r e* p. 17, 1. — Vor attributivem *un* findet sich der Artikel nur einmal: *Si parti on le vile en 11 moities, si que li pelerin en eurent l' u n e moitie et li Venicien l'a u t r e* XIV Schl.

5) Bei **Fürwörtern**, u. zwar 1) vor *on* tritt in u. T. nie der Artikel auf, auch nicht, wenn Hiatus entsteht; also immer: *que on* (83, 82, 81, 79 etc.), *qu'on* (80 etc.), *et on* (111, ib. etc.). — 2) *li pluseur* findet sich einmal: XCV, 9 — 3) Nach dem Relativ *cui* wird der Artikel beim Subst. vernachlässigt, So allgemein im XIII. s. (Gellr. 46): *cui pere a chelui Androines avoit destruit* XXV; *les femmes cui filles il avoit prises a forche* XXV. — Die Anwendung des Artikels vor dem **adj. Poss.** wird im XIII. s. immer seltener (Gellr. 46; bei Villeh. noch 24mal; in u. T. kommt sie nur noch **viermal** vor: *les noes batalles* XLVIII neben *nos b.* (ib.); *par le mien ensient* XCII, neben *a leur e.* XCIV; *les siens dix* XCIII; *les leur dix* XCIV; dazu: *de chu sien anemi* XXXIII. — Endlich findet sich einmal fragendes *quel* statt *lequel* (das sonst nicht vorkommt), wie dies im XII. s. Regel war (Gellr. 31): *Or quel?* XXXVI.

C. **Teilungsartikel.**

Vom Gebrauch des Teilungsartikels, der erst vom XV. s. an allgemein zu werden beginnt, (Keding 4) zeigt u. T. schon vereinzelte Spuren. Doch erscheint er hier noch dem ursprünglichen, **konkreten** Sinne gemäss meistens als **Objekt** nach **transit. Verben**, um das Abziehen eines Teiles von einem sinnlichen Ganzen zu vermitteln, was durch die Präposition de bewirkt wird (Gr. 45), seltener als Subjekt:

a) Als Objekt: *lui offri de ses chevax et de ses joiaus III* p. 4, 12; *et si leur bailla on des deniers le conte de Champaigne et des deniers que maistre Foukes avoit pourcachie* VIII, 6; *tant qu'il furent bien rafreski et qu'il eurent akate des nouveles viandes a metre eu leur nes*, XIII, p. 10, 11; *ne onques nus ne li demanda du sien . . qu'il ne li fesist donner C mars* XVIII, 6; *et il leur dourroit encor du sien moult volentiers* LVII, 5; vgl. *il pourcacheroient tant du sien* LVIII Schl.; *si prent il de se gent avec lui* XXV, 14; *et prisent des galies as Grius . . et des nes* XLIV, 5; *qui avoient preste de leur avoir* LVI Schl.; *que il li aidaissent a conquerre de le tere encore* LVII, 4; *et dist qu'il voloit aler conquerre de le tere* p. 76, 2; ebenso p. 76, 22; *et si trova on de le vesteure nostre dame* LXXXII, 3 u., vgl. *et conquist de le tere bien* XX *chites . .* LVII, 11; *si vinrent demander de leur nouveles* XLIX, 4, 8; CV, 6.

Die Idee der Subtraktion tritt zurück in f. B.: *et si nombroit on qu'il avoit bien largement en le chite XXX M prestres, que moines que autres, des autres grans, des haus, des bas, de poures, de rikes* XCII p. 71, 7.

b) Als Subjekt: *si s'entra en une galie et de ses gens avec lui* p. 193; *et si leur fu bien avis que ch'estoit de le gent l'empereur Androine* p. 20, 2; *de se gent* LXX, 11; *de leur gent* XCIX p. 76, 5. —

III. Die Pronomina.

A. Das Personale.

1) Die ursprünglichen betonten Akkusativformen, die sich zuweilen im Afz., von 15. s. an jedoch häufiger als Nominative finden, kommen in u. T. als solche noch gar nicht vor.

2) Die betonten Objektsformen des Personale der 3. Person sing. sind im Afz. *lui* u. *li*, u. zwar im allgem. *lui* für das *masc.*, *li* für das *fem*; von dieser Regel, die von den Kopisten oft nicht beachtet wird (vgl. Förster, chev. as .II esp. LXVI) weicht auch Rob. erheblich ab, wie aus f. Darstellung hervorgehen wird. Wir finden nämlich für das

1) Betonte Pron. 3. P. S. fem. stets *lui* (nie *li*), für das
2) „   „   „   „   „   masc. meist *lui* (*li* nur fünfmal):

ad 1): *et cascune des batalles avoit chiax de sen pais apres lui* XLV; *Adont si atorna li rois moult rikement se sereur, si l'envoia avec les messages en Coust. et asses de se gent avec lui* XX; *Quant il furent venu, si en fist li empereres moult grant feste de le damoisele et grant goie et de lui et de se gent* XX; *Androines si aama le roine qui se cousine estoit, et jut a lui a forche* XX.

ad 2) *Quant il furent devant li (l'empereur) venu* XXV p. 20, 10 u; (in derselben Zeile jedoch *devant lui*); *avec li (le roi* p. 27, 6; *Li empereur et si traiteur qui entor li estoient* LX, 7; *Mesires H. s'en parti de l'ost a chelee par nuit li trentisme de chevalier et asses serjans a cheval avec lui* LXVI, 9. — *li disime de chevaliers* LXXVI, 7. — Sonst immer *lui*, B. ungemein zahlreich: *pour lui quart de freres* I; *pour lui* III etc.

Wir sehen also, dass u. T. zu jenen Denkmälern gehört, die das betonte männliche Pronomen auch *li* lauten lassen können (vgl. Tobler, Zschr. II 146); es ist daher in f. zwei B. eine Verwechslung mit dem gleichlautenden konjunktiven *li* ausgeschlossen, u. hiemit die Regel, dass das Pron. zwischen Präpos. u. Infin. als betont aufzufassen ist, auf's neue bestätigt (vgl. Gr. 54, 3): *de li coroner* LVI; *pour li warder* LIX; sonst steht in diesem Falle immer *lui*: *pour lui prendre et destruire* XXII; *pour lui coroner* LXI; *pour lui secorre* LXVI etc.

3) Die betonten Formen des Personale können im Afrz., um den Sinn eines Dativs zu haben, ohne die Präpos. à stehen (vgl. Z. II, 149). Dieser Gebrauch beschränkt sich in u. T. nur auf den präpositionalen Infinitiv, da zu jeder andern Form des Verbums bei Rob. in d. Regel nur mehr ein tonloses Fürwort treten kann. Dass hiebei das Zusammentreffen zweier Präpositionen vermieden wird, mag auch von Einfluss auf die Anwendung des verkürzten Dativs beim präpos. Inf. gewesen sein. Die wenigen B. sind:

ains feres grant sanlant de mi corre sus p. 13, 11; *Et li Latin fisent grant sanlant d'aus corre sus* ib, 3 u; *pour lui secorre* p. 54, 19 (*secorre* mit d. Dat. s. Bartsch Chresth. 211, 41), u. bei veränderter Stellung: *et moult bien li promisent a faire lui servige* LIII. — Beim verbum finitum jedoch steht regelmässig der Dativ des verbundenen Fürwortes: *si leur keurent sus* LXXVI 8; *se li keurent il sus* p. 59, 9; *et chu venin li faisoit corre hors* p. 67, 3 u. etc. — Beispiele des freieren afrz. Gebrauches der betonten Formen (ohne à) im Dativsinne beim verbum finitum sind nur f. Fälle, in denen das Pronomen dem Verbum meist folgt:

mais donnaissent lui un terme et par dedens il se pourceroit LVIII; *si envoierent IIII messages a l'empereur et manderent lui* . . CIV (neben *li manderent* LXII): *si l'aouroient li Griu et donnoient lui moult grans dons* CXIV; *Et fist on parler latimiers a lui et fist on lui demander* . . . LIV; *Et quant Kyrsauacs fu hors de prison, si eut moult grant goie de sen fil et acola lui (?)* . . . p. 44, 3 — Als einziges B. für den Fall, dass das Pronomen dem Verbum vorausgeht, ist zu verzeichnen: *tant qu'il renvoierent a l'empereur II cheualiers et se lui manderent de rekief* LIX, 3.

Anmerk: Der Umstand, dass in den soeben angeführten Beispielen das Pronomen mit Ausnahme eines einzigen Falles stets nach dem Verbum steht, u. nur in diesem Falle die Form (*lui*) des betonten Pronomens annimmt, umgekehrt aber vor dem Verbum ausnahmslos (abgesehen von ob. B.) in der Form *li* des unbetonten Pronomens auftritt, schliesst die Annahme einer willkührlichen Verwechslung dieser beiden Formen (*lui u. li*) von Seiten Rob.'s oder des Kopisten aus. In dem letzen B. wäre daher *lui* in *li* zu ändern.

4) Die betonten Formen als reine Akkusativobjecte beim Verbum finitum sind bei Rob. bereits verschwunden.

5) Für den Unterschied der reflexiven Pronomen *soi* u. *lui* (*li, aus, eles*), der heute noch nicht auf einer ganz festen Regel beruht, finden sich bei Rob. nur wenige Beispiele, aus denen hervorgeht, dass das letztere Fürwort auch unpersönliche Begriffe reflektiert: *et cascune des batalles avoit chiax de sen pais apres lui* p. 39, 3; hiebei scheint *lui* entstanden zu sein aus *lei, lie, li* (rég. fém. des prépos. vgl. Burguy Gr. I, 140). Wir treffen ausserdem *lui* für *elle* noch: p. 14, 5; p. 15, 5; p. 14. 3. — Da beim Infin. immer die betonten Formen stehen, so werden auch hier die betonten Reflexiva *soi* u. weit häufiger *lui* etc. verwendet. Für ersteres findet sich bei Rob. nur f. B., in welchem *soi* zwischen Präpos. u. Infin. steht: *Li Yvernas si se fiert il des esperons, si se met il devant toute se gent bien le*

getee d'un cailleu pour soi huster et pour ferir soi en le bataille le marchis XXXIII.

6) In Verbindung mit dem Ordinalzahlwort treffen wir in f. B. die betonte Form des pers. Fürw. 3. Pers., nicht mehr *soi* (vgl. Gr. III, 18); *lui quart de freres* (*se quarto*) p. 2, 6; *lui quart de chevaliers* CVI, 13; *li trentisme de chevaliers* LXVI, 6; *li disime de chevaliers* LXXVI, 15., (vgl. Wailly p. 15). — Eine Stelle für das Neufrz. findet sich: Ségur, Histoire de la grande armée. XI, c. XI, 6.

7) Die bekannte Weglassung der Akkus. objekte *le*, *la*, *les* findet bei Rob. nur statt, wenn der Dativ eines Pronomens 3. Person folgt (vgl. H. 20): *li* statt *le li* (XI, 9; p. 26, 4 u.; XLVII, 2 ; XLVII, 3 u.; LVIII, 6 ; p. 48, 2 ; p. 66, 4 ; CX,5: p. 82, 3). — *li* statt *les li* (p. 76, 17). — *leur* statt *les leur* (XXI, 15).

8) Das neutrale *le* zur Hinweisung auf einen vorangehenden oder folgenden Kas. obl. (Gr. 63) ist auch in u. T. ziemlich häufig anzutreffen: CXX, 5 ; p. 11, 2 ; p. 17, 6 u. ; LXVI Schl. -- Ebenso wird auch *y* verwendet: LXXXVII, 6 ; p. 71, 16.

9) Das unbetonte neutrale *il* ist in u. T., abgesehen von der Wendung *ne demora mie apres*, 74mal gesetzt, 84mal nicht gesetzt. In allen diesen (ersteren) Fällen fungiert *il* als rein formales Subjekt bei echt unpersönlichen Ausdrücken, und ist vollständig tonlos (vgl. Haase p. 17); nur in f. B. weist es auf einen nachfolgenden Subjektssatz hin: *il fu boin que* . . . p. 44, 10 ; *il sanloit que* . . . p. 59, 30 ; p. 61, 2 ; *il pesoit que* . . . XXI p. 20 ; LXII. — Dagegen findet sich in scheinbar subjektslosen Ausdrücken als demonstratives, auf Vorausgehendes oder Nachfolgendes weisendes Fürwort in u. T. (nicht so bei Villeh. u. Joinv., Haase p. 18) ausschliesslich *ce* u. noch nie *il*:

a) zurückweisend, wie im Neufrz., nur bei den kopulativen Zeitwörtern *sembler* u. *être* z. B.: *que ch'estoit le plus bele cose a eswarder* p. 9; *dont che fu moult grans domages* II; *quant che vint au lendemain* (oft: vgl. Haase p. 17); auf einen Bedingungssatz zurückweisend: *Si nous poiemes avoir raisnavle acoison d'aler y* . . ., *che me sanleroit boins consaus* XVII, 3 etc.

b) α: auf einen dem Prädikate nachgestellten Subjektssatz

(oder Infin.) deutend: *coment ch'estoit que* p. 24 u. : *que che n'estoit pas pechies . . qu'il . . .* LXXII; *que ch'estoit miracles que* p. 60, 4 u. ; ebenso: XIII Schl. ; XLVII Schl. *; si che seroit pechies d'aler i* p. 33 etc.

β: Ähnlich weist *ce* in f. B. als Akkusativ auf einen folgenden Objektssatz hin, wo sonst *le* stehen würde: *che disoient il u pais que Coust. estoit li kies du monde* p. 44 ; *pour chou che disoient que ses lignages avoit sornon d'Angle* XXV Schl. Anm. : Stellen, in welchen ein neutrales Demonstrativ aus dem Vorausgehenden zu ergänzen ist (vgl. Haase 17), finden sich bei Rob. nicht.

10) Beim Pronominaladverb *en* erkennt man oft, wie zum teil noch heute, deutlich die lokale Beziehung; aus dieser entwickelte sich, wie Haase p. 24 ausführt, später auch eine pronominale Beziehung; beide sind bei Zeitwörtern der Bewegung oft nicht mehr deutlich zu unterscheiden: *si s'en estoient ja li Griu fui et nos Franchois en amenoient leur waing et l'ansconne en aportoient* LXVI p. 54 etc.

Der bis ins 17. s. hineinreichende Gebrauch des *en* zur Hinweisung auf einen folgenden Satz (Nfrz. Z. IV 137 ff.) lässt sich selbstverständlich auch bei Rob. belegen: *si comme moult en i eut d'arse de le chite* XLIX etc. — Manchmal fehlt *en: tant que li message leur donnerent tant d'or et d'argent comme il demanderent* XXVI; *et si leur donrai plus que jou ne leur ai donne* XVIII Schl., ebenso XIII p. 10; XIII Schl., XLVIII Schl., LXXXI, 12 etc. — Um die Darstellung lebendig zu machen, wird in solchen Fällen nicht selten ein ganzes Satzglied wiederholt, z. B.: *et estoit chele capele si rike et si noble que on ne vus porroit mie aconter le grant biaute ne le grant nobleche de chele capele* LXXXII.

B. Das Possessivum.

1) Der Genetiv des pers. Fürw. 3. P. findet sich statt des Possessivs an f. Stellen: *et que on y envoiast bons messages des plus sages chevaliers d'aus* V Sch., *n'avoit il mie de char seur le cors de lui* XXV p. 21, 16; *et que il fu ausi comme tous sires d'aus* LXV p. 52, 1 u. 3; *warde d'aus* XLVII.

2) Umschreibung des Possessivs mit *avoir* (Gr. 79) liegt vor in f. B. *et prisent entour VIII arbalestiers que il avoient*

LXVI p. 33, 3 u.; *si traient coustiaus et misericordes qu'il avoient* LXVI p. 54, 3; *que par forche que par peur que il eut* XXII p. 18, 12.

3) Als Prädikatsadjektiv bei *être* wird, wie noch heute (Lück. §. 224, A. 1), die absolute Form ohne Artikel verwendet. (Z. I 494); LVII, 3; XCIX p. 75, 10; C Schl.

4) Ebenso vertragen sich bestimmte Zahlwörter mit dem Possessiv. Beispiele hiefür fehlen bei Diez:
qu'il esleust les siens dix XCIII, 4 ; XCIV, 5, 6.

5) Gleichfalls unerwähnt lässt Diez den Fall, dass sich das demonstrative Fürwort mit dem possessiven verbindet: *de chou qu'il l'avoit si bien vengie de chu sien anemi* XXXIII p. 25, 5 u.

Anm.: Über *maugre sien* XXI p. 17, 5 u. s. Krüger p. 17, A. 1. — Die Form *noes* (subst. u. adj. findet sich bei Burguy nicht: *che sanloit des noes* (sc. *batalles*) XLVII, 2 u.; *et les noes batailles* p. 42, 6. —

C. Das Demonstrativum.

1) Als demonstr. neutrales Pronomen kennt das Afrz. nur *ce*, dessen Gebrauch erst im 16. s. (Darmst. §. 157) durch das neu auftretende *cela* eingeschränkt wird. Dieses *ce* findet sich in der alten Sprache, wie noch heute,

a) als Subjekt bei *être* u. *sembler* (vgl. p. 11). Selten ist es Subjekt zu anderen Verben (statt *cela*): *Apres quant tout chou fu fait* LXIX; *devant la que che fu avenu* XCII, 14; *ne che n'est mie remes en mi* XIII, 2 ; aber auch: *s'il ne fust remes en vous* ib. — In *ce vient* erscheint bei Rob. (wie bei Joinv.) dieses *ce* ausnahmslos; bei Villeh. dagegen nur einmal (Haase 29).

b) *ce* als Akkusativ braucht selbstverständlich nicht belegt zu werden.

c) Als einziges B. für *ce* bei Verben des Sagens, welche in die direkte Rede eingeschaltet sind (Gessner I 36, Nfrz. Z. IV, 145; Haase 29) mag f. Stellen angeführt werden: *tant que li cuens de Saint Pol fist le jugement que aussi devoit il partir comme uns chevaliers ; que plus i avoit il fait d'armes et de proeches, che li tesmoigna li cuens de Saint Pol, que teux CCC chevaliers . . .* XCVIII, 13.

d) Wir haben schon früher gezeigt (p. 11, 12) dass *ce* bei *être* u. *sembler* zur Hinweisung auf einen folgenden Subjektssatz verwendet wird; es erübrigt hier noch, die wenigen B. anzuführen, in welchen dies bei **anderen** Zeitwörtern geschieht: *si respondirent que chou ne valoit riens qu'il ne honnesissent le marchis et se gent, et qu'il ne les decaupaissent tous s'il les pooient ataindre* CV; *Quant che vint vers mienuit que li empereur Morchofles li traitres seut que tout li Franchois furent en le chite, si en eut moult grant peur* LXXIX, 1.

2) Neutrales *cel* (Gessn. I, 32 kommt in u. T. nicht vor, dagegen findet sich *cheli* u. *sil* an f. Stellen neutral gebraucht (Vgl. Rom. St. IV, 250 : „Ces formes cil, icil, ne sont employées qu'au masculin, sauf une exception dans „puet cel estre" etc.): *Et li quens de Flandres li manda de rekief par II messages, que pour Dieu cheste honte ne li fesissent, mais retornaissent, que cheli avoit on loe* p. 41, 42; *Et li baron respondirent que sil feroient il volentiers* CXII, 6.

3) *Cis* u. *cil* sind bei Rob., wie im Afrz. überhaupt, in ihren adjekt. u. pronominalen Funktionen keineswegs getrennt. Die Stellen, in denen sich die Formen von *iste* in ihrem **substant.** Gebrauch zeigen, sind sehr wenige (12), u. beschränken sich auf den Nom. Sing. masc: *et chis li respondi* p. 61, 1; *chis avoit non Kyrsaac*; ebenso p. 16, r. 2, 2 ; p. 16, 8 u. ; p. 21, 8 ; XXVII, 2 ; XXXVI, 11 ; XXXVI Schl., XXXVII, 1 ;. p. 18, 1 ; CI, 15, 18. — Nur einmal findet sich auch der Nom. Pl.: *Ichist estoient de Champaigne* I. — Diesen Stellen gegenüber ist der **adjektivische** Gebrauch zu verzeichnen, u. zwar wiederum zunächst 1) des Nom. S. masc. *chis* (16mal), *ichis* (3mal), *chist* (1mal, LIV), *chus* (8mal); (die letzte Form wird von Burguy nicht erwähnt). — 2) Des Akk. S. masc.: *chestui* (einmal: XCIV); *chest* (7mal); *chu* (32mal). — 3) Der Nom. S. fem. findet sich nur 2mal: *cheste descorde* XCIV ; *cheste conqueste* XCII. — 4) Der Akk. S. fem. *cheste* 12mal. — 5) Für den Nom. Pl. beider Geschlechter findet sich nur *ches* (nie *chist*, wie bei Villeh.), ebenso für den Akk. Pl.: Beispiele auf jeder Seite, im ganzen 56mal. In p. 17,6 lies *ches nouvelles* statt *chis*.

Die Formen von *ille* sind substant. gebraucht 1) als Nominative: Nom. S. m. *chil* 3mal (p. 21, 7 ; XXXIII p. 24;

LXXIV p. 59 r. 2.) 1mal fem: *chele* (LX). — Nom. Pl. m. *chil* 6mal (XIV ; p. 21 ; LXXIV ; LXXIV p. 59, 21 ; LXII, 6 u. ; p. 62, 3) — 1mal Nm. Pl. f. *cheles* (p. 21,7). — 2) als Akkusative: Akk. S. m. *chelui* 5mal (XXVI Schl., XXXVII; XXXVII ; LXI p. 50, 6). — Akk. S. f. *chelui* 1mal: *et si ares chele chite et vous chelui et vous chele autre* CVII, 5 v. Schl. (Über diese Form vgl. Burguy I, 153, u. *lui* statt *lei, lie, li* p. 10) Dieselbe findet sich noch CVII 4 u.; CIX, 12). — Der Plural von *ille* findet sich nie als subst. Demonstr. — Adjektiv. Gebrauch des Nom. S. masc. kommt in u. T. nicht vor. — Nom. S. fem. *chele* 15mal. — Nom. Pl. masc. *chil* 8mal. — Nom. Pl. fem. fehlt. — Akk. S. masc. *chel* 28mal; *chelui* 6mal. — Acc. S. fem. *chele* 47mal.

Als Resultat ergibt sich aus dieser Zusammenstellung a) für die Formen von *iste*, dass nur noch der Nom. S. masc. *chis* substantivisch vorkommt, während bei Villeh. (Haase p. 31) auch noch andere Formen, nämlich Nom. Pl. *cist*, Nom. S. fem. *ceste*, Akk. Pl. *ces*, Akk. S. masc. *cestui*, Akk. S. fem. *ceste*, bei Joinv. 1mal Akk. S. *cesti* so gebraucht werden, was für Rob. eine Anbahnung des neufrz. Gebrauches bedeutet. Ebenso ist das adjekt. *chestui* (obl.) bei Rob. seltener (1mal), als bei Villeh. (4mal), u. selbst bei Joinv. (7mal); auch scheint der Nom. S. fem., das adjekt. *cheste*, bei Villeh. (Haase scheidet das masc. nicht von dem fem.) öfter, als bei Rob. (2mal) vorzukommen. — Schliesslich ist noch auf das Eindringen das adjekt. *chu* (nie *che*, vgl. Gessner I, 17) hinzuweisen, das bei Rob. bereits 32mal, bei Villeh. nur 4mal vorkommt; die volksthümliche Sprache Rob.'s kündet also auch in diesem Punkte den neueren Sprachgebrauch früher an, als die gewähltere, sorgfältige Diktion Villeh.'s. — b) für die Formen von *ille*, dass der subst. Gebrauch bei Rob. im allgemeinen mit dem für Villeh. verzeichneten übereinstimmt; der adj. Nom. des fem. S. überwiegt im S., wie bei Villeh. gegen das subst. fem. Nom. S. (15 gegen 1mal), kommt dagegen im Pl. gar nicht vor. (Das Verhältniss des S. zum Pl. ist in Haase's Darstellung nicht ausgeschieden); allerdings ist auch der Nom. Pl. des masc. nur durch 8 B. vertreten. — Von den Formen des Akk. kommt *chelui* (masc.) am seltensten (5mal), das fem. *chele* am häufigsten (46mal) vor (ähnlich bei Villeh. u. Joinv); für die Form *chel* (masc.) finden sich 28 Belege. — Im ganzen sind die subst. Formen von *ille* 16mal, die adj. 103 mal gebraucht.

Als determinative **Adjektiva** finden sich beide Pronomina an. f. Stellen: *chele* XXVII p. 22, 4 u. XII; *chu* p. 6, 5 ; einmal in Verbindung mit *même* : *Et chil meisme qui l'avoir devoient warder* LXXXI, 15. — Als determ. Pronomina konkurrieren in u. T. noch die Formen von *iste*, die bei Villeh. bereits verschwunden sind (Haase 33), mit denen von *ille* u. zwar werden die ersteren ausschliesslich gebraucht im Nom. S. masc. *chis qui:* I; I; XI; LXII; LXV etc. im Nom. Pl. masc. (*chist*) nur p. 2, 23. — In allen übrigen Fällen stehen die Formen von *ille*, u. zwar 1mal der Nom. S. masc. (*chelui*): p. 16, 11. — Nom. Pl. masc. (*chil*) 23mal; Nom. Pl. fem. (*cheles*) 1mal: p. 21, 7. — Akk. S. masc. (*chelui, cheli*): II; p. 16, u.; XXII; XXXIII p. 25, XXXIV p. 26 ; LXII = 6mal; Akk. S. fem. (*chelui*): p. 40, 11 u.; CIX, 12 = 2mal. — Akk. Pl. masc. (*chiaus*) = 13mal. — Determ. *chil* findet sich, wie überhaupt im Afz., oft im Anschluss an Adverbia (*chil dedens*, p. 27 etc. (Gessn. I, 32) u. Substantiva mit de (Nfz. Z. IV, 147), letzteres bei Rob. 48mal.

Zu den noch im Mittelfrz. gebräuchlichen Wendungen, in welchen *chil* (bei Rob. auch *chist*) sich dem Sinne eines indef. Pron. (= *aucun*) nähert (Chassang 282), sind als B. zu notieren a) = lat. *ut qui, utpote qui: comme chis qui estoit rikes hons* LXV ; CIV. — b) = *nullus est quin*, meist bei *il y a : ne n'i avoit chelui de ches IX batalles, ou il n'eust III M. chevaliers XLVII*; ferner p. 15 u., XXIII, 6; XCI, 3; CIX, 12. —

D. Das Relativum.

1) Der auf Personen bezügliche **Kasus obliquus** des Relativums war im Afrz. *cui* oder *qui*. Derselbe begegnet bei Rob. selten, u. zwar

a) als **Genetiv**: *si envoia un message pour un haut homme cui pere a chelui Androines avoit destruit* p. 20, 8 ; *et les femmes qui filles il avoit prises a forche* ib. p. 21, 13.

Anm. Ebensowenig wie bei Villeh. (Haase p. 45), ist bei Rob. für den possess. Genetiv *de cui, de qui*, oder der Gen. von *lequel* zu finden, welch letzteres Fürwort bei Rob. überhaupt noch nicht vorkommt. Statt dessen wird stets *dont* gebraucht.

b) Während *cui (qui)* im Dativsinne bei Villeh. noch ausschliesslich herrscht (Haase 46), u. sich *à qui* noch nicht nachweisen lässt, hat letzteres bei Rob. den Dativ *cui* bereits vollständig verdrängt: *a cui* p. 26, 14; ebenso p. 13, 2; p. 21, 20 etc. — *Qui* als Dativ nur in: *si dist aucuns, que dehait eust qui en caloit de chou que Alexes estoit mors* LXII, 11. — Dagegen kann *que* im Dativsinne vorkommen, wobei α) der verwahrloste Kasus durch ein Personale nachträglich bestimmt wird (Gr. 380, 4): *Chus vasles si fu fix l'empereur Kyrsac de Const., que uns siens freres li avoit tolu l'empire de Coust. par traison* XVII, 6 u. (vgl. Suchier, Auc. p. 50). — β) Das Personalpronomen kann auch fehlen, so dass alsdann *que* als ein des Kasuszeichens entbehrender Dativ anzusehen ist. Beispiele finden sich nur mit *peser*, das auch sonst in u. T. mit dem Dativ der Person konstruiert wird (vgl. *leur en pesoit* LXII, 3): *apres demanda .. se il y avoit mais de chiax qu'il en pesast qu'il estoit empereres* p. 15. u.; ebenso XXI, 17; p. 20, 21

c) Im Akkusativ ist bei Rob. für *qui* durchwegs *que* eingetreten. Nach Präpositionen immer *qui* statt *cui*. Nur *a cui* p. 26, 25.

2) Das beziehungslose Neutrum *que* wird bei Rob. ungefähr ebenso oft durch *che* unterstützt, als es ohne dieses Fürwort erscheint, während bei Villeh. die Stellen ohne *ce* vereinzelt sind: *chou que*: VI, 8; VI, 13; VI, 18; VIII, 4, 5 etc. — *que* = *chou que*: p. 4, 14; p. 16, 28; p. 23, 1; XXXII, 3 etc.

3) Die von Gr. 381, 5 erwähnte Ellipse des relativen Ausdrucks liegt vor in f. B.: *si n'i avoit chelui n'ait bien XX pies de haut* XCI, 3.

4) *Qui* = *si quis* (Gr. 384, 2, Chassang 290): p. 71, 12.

5) Hieran schliesst sich der Fall, dass sich *qui* an das Subjekt des Hauptsatzes anlehnt, u. wie im Lateinischen, einen Satz mit bedingender oder einräumender (oder auch kausaler) Bedeutung einleitet: *Sire vous ne faites mie bien, qui vus ales combatre a l'empereur* XLVII p. 40, 8 u. (wenn ihr . . .); *si disent tot ensanle, que li cuens de Flandres faisoit grant honte qui retornoit* p. 41, 3; *Sire, vous faites grant honte, qui ne vus moves* XLVIII, 3; *et merchierent moult les barous et disent que moult avoient bien fait et grant barnage qui si faitement avoient*

ouvre p. 43, 7; *vus aves fait moult grant barnage qui si grant cose comme Coust. est, aves conquis* p. 44, 17.

6) Das Artsadverb *là* hat relativen Sinn in: *li lieus la on lisoit l'evangile, estoit si rikes* p. 67, 19. Häufig dient es zur Verstärkung des relativen Adverbs *où*: V, 6; XII, 18; p. 22 u. etc.

7) Für die Verschmelzung des Relativsatzes mit einem Objektsatze sind nach Tobler (Z. II, 363) 3 Fälle zu unterscheiden: a) des raisons qu'il a cru que j'approuverais. — b) il faisoit totes les choses qui savoit qu'a la dame deussent plaire. — c) l e s b e s t e s q u e t u v o i s q u i m o s t r e n t f e l o n n i e.

Unser T. hat nur Beispiele für letztere Konstruktion, welche auch noch im Neufrz. neben der häufigeren nach a) gebideten üblich ist, aufzuweisen. Diese Konstruktion (c) würde der unter a) angeführten gleich stehen, wenn wir annähmen, dass in allen diesen B. eine Verwechslung des Relat. *qui* mit *qu'il* vorliegt, worauf in Nfrz. Z. I, 115 hingewiesen ist, u. die sich auch sonst häufig in u. T. findet. Den Ausgangspunkt hiezu mögen wohl diejenigen Fälle gebildet haben, in denen α) auf *qui* ein mit *l* beginnendes Wort, meistens *le, leur* folgte. Dieselben sind auch am zahlreichsten: *et si soies en un lieu qui leur nomma* p. 13, 8; *qu'ils s'armaissent et qui li aidaissent* . . p. 13, 24; *qui le feroit prendre l'un et l'autre* p. 16, u.; *tant que K. vit qui li convenoit aler avec aus* . . p. 17, 12; ebenso: *qui leur couperoit* XXV, 12; *qui le roloit* p. 27, 9; p. 27, 5; LXVII, 3; XCIV Schl. - β) Auf den Einfluss dieser häufigen Erscheinung mögen sodann folgende Analogiebildungen zurückzuführen sein: *si leur disent qui ne s'en iroient mie pour l'empereur ne pour se gent* p. 13, 21; *tant parlerent que il dist qu'il donroit . . . et qui tenroit . . XM hommes a armes* XXXII, 8; *adont quemanda on par toute l'ost qui s'armaissent* . . p. 35, u.; ferner p. 26, 5; XLVII, 17. — Endlich folgen hier die B. für unsere Konstruktion c.):

ad α) *chiax q u e il cuidoit q u i l'esleussent a empereur* XCIII, 5: *et fu mis en le warde a teux gens que on cuidoit qui loialment le wardaissent* XCVIII Schl. — ad β) *et emprunterent tant de deniers comme il peurent a chiax qu'il quidoient q u i en eussent* XII, 3. — *Que* ist hiebei durch *comme* ersetzt: *nous i arons eslut tel comme nous sariemes a nostre ensient qui boins i est* XCV, 7 u. — Ferner kann auch ein indirekter Fragesatz die Verschmelzung mit der relativen Fügung eingehen: *si i pendoit uns buhotiaus que on ne savoit de quele despoise il estoit* p. 67, 10 u.

8) *Quoi* hat Rob. nur 1mal, u. zwar auf ein sächliches Subjekt bezogen, u. von einer Präposition abhängig: *quant nous n' avons viande par coi nous y puissons aler* XXXIII. —

E. Das Interrogativum.

Die indirekten Fragesätze werden bei Rob. noch überall, wie bei Villeh. (Haase 53) mit dem Interrog. eingeleitet: *Et tant que il li demanderent que il feroit pour aus* XXXII, 3; XLI, 2; p. 42, 20. — Der Gebrauch aller übrigen Interrog. stimmt mit dem Neufrz. überein; als Abweichung haben wir nur notiert: *quel?* statt *lequel?* XXXVI, 10. —

F. Die Indefinita

1) *Nul* in der Bedeutung von *ullus* (Gr. 443,) a) in abhängigen Sätzen bei verneinendem Hauptsatze VII. — b) nach einem Komparative p. 24, 16. c) in indirekten Fragen XXIII, 6. —. d) in bedingenden Sätzen nach *si, qui*: XXXVI, 8; XIV, 11.

2) *Nului* findet sich als obliquer Kasus: p. 72, 3 u.

3) *kanke* = *quodcunque*: XXXII, 5; XLVII, 4. — *que-que* disjunktiv: XI Schl.; p. 71, 6; p. 71, 4. — 5) *auques* als Neutrum LX Schl.; adjektivisch LXV, 2; als Adverb LIX, 8. — 6) *aucun* statt *quelqu'un*: XXI Schl.; XXXIII, 5; LXII, 11; p. 54, 31; p. 71, u.; XCVIII, 10. — 7) *autrui*: XCV, 12. — 8) *chascun* ist auch adjekt., kommt jedoch nie mit dem Artikel vor: XL, 4, 16, 24 etc. — 9) *autretel*: LX, 17; 10. — 10) *li pluseur* XCV, 9. — 11) *tout* vor einer prädikat. Bestimmung des Subjekts wird oft auf das Subjekt bezogen, wo die neuere Sprache das Adverb erfordert: *si li caucha on uns saullers tous carkies de rikes pierres* p. 74, 2. Ebenso: p. 74, 10, 11, 24; LXXXV, 3; LXXXV, 26 etc. — Attributives *tout* nach *a* = *avec*, ist bei Rob. mit dieser Präpos. noch nicht verschmolzen: *a toute s'ost* CXII, 12; CXII, 10; XLIII, 3 etc.

IV. Die Kasus.

A. Der Nominativ.

1) Wie bei Villeh. (Haase 1), ist auch bei dessen Zeitgenossen Rob. der Nom. noch in voller Funktion, u. wird nur in f. Fällen durch den Akk. verdrängt: a) 1mal bei ausgelassenem il: *Le nuit meesme que Androines s'en fuioit, leva une si grant tormente* (XXXV, 1 (Der Nom. fem. lautet sonst bei Rob. *grans* od. *grande*). — b) nach *remaindre* u. *demorer*, auch wenn sie persönlich konstruirt sind (vgl. Z. V, 182): *si remesent encore L mile mars a paier* p. 7, 2 u; *et quant il les eurent paies, si demorerent encore a paier* XXXVI M mars XII, 6. — c) in verkürzten Modalsätzen nach *que* (Gr. 51, Hasse 2): *Il ne sont que II hommes qui doivent donner, Damedieu et jou* XVIII, 11; *et qu'il estoient pieur que Juis* LXXIII p. 58. Dagegen regelmässig der Nom.: XXXIII, 16; p. 31. — Verkürzte Modalsätze nach *comme* finden sich überhaupt nur: LXXVI; LXXXII Schl. u. in der Formel *come une fine mervelle*, u. liefern keine Belege für Akk. statt Nom. — d) Nyrop bemerkt Romania IX, 616, dass Rob. auf *il y a* den Nom. folgen lasse, gibt aber dafür keine Belege. Tobler (Z. v. 182, A. 1) hält dem entgegen, dass die von ihm notierten Stellen p. 24 (wohl XXXIII, 5) u. p. 26 (Z. 13) diese Angabe nicht bestätigen, was allerdings richtig ist, weil im 1. F. *aucuns* = Akk. Pl., im 2. *avoit* = *possédait*; jedoch finden wir noch f. B., wo *il y a* nach Art der unpers. Zeitwörter ein im Nom. stehendes logisches Subject zu sich nimmt: *et d'autre part entr'ax et l'empereur avoit uns grans caneus, uns grans conduis* p. 42, 9 u.

Anm.: *Car il y avoit bien C paire de busines* p. 10,2 scheint nicht hieher zu gehören, sondern *paire*, wie das engl. *pair* Singul. zu sein. Vgl. noch *Si fisent sonner buisines d'argent ... dusques a C paire* XLI Schl. wo *paire* auch = Nom. Pl. sein könnte, da der Nom. nach *jusques à* auch sonst im Afz. vorkommt (Haase 2).

2) Im prädikativen Verhältnisse findet sich der Nom. statt des Akk. in einigen wenigen Fällen: *qui cascuns derenres se drechoit tous drois* p. 17, 71; *et qu'il s'estoit fais empereres*

XXVIII, 9. — Fast immer bei *nomen habere*: *Robers de Clari avoit a non* LXXXVI etc. Ausnahmen nur *Andernople* (CI, 5), *Aliaume de Clari* (LXXV) *avoit a non*, u. 1mal bei veränderter Stellung: *chis avoit non Kyrsac* p. 16, 14. —

3) Während für den Nom. des Prädikats bei Villeh. noch nie der Akk. eingedrungen ist (Haase 3), können wir dies für Rob. mit f. B. konstatieren: *Or estoient che une gent chil Griu* p. 36, 4 u.; *si erent eles hautes* p. 57, 5; LXXIV, p. 58; *qui siens devoient estre* LVII, 3; *qui moult soloient estre rikes iluec* XCI, 8; *il fust boin* (Neutrum?) p. 44, 10. —

B. Der Kasus obliquus ohne Präposition.

Der Kasus obl. findet sich bei Rob., wie im Afz. überhaupt

a) regelmässig als possessiver Genetiv vor persönlichen Begriffen im Singular. Die Präposition *de* tritt unter diesen Voraussetzungen nur in f. Ausnahmsfällen ein: *par le consel du marchis* XXIX, 3; *pour l'amour de Damedieu* IV, 8; IV, 13; p. 66, 2; *a l'aiwe de Dieu* XLIII, 4; p. 44. 5; *par miracle de Dieu* p. 59, 2; LXXIV Schl., p. 60, 4 u. — Daneben findet sich zum Ausdruck des possess. Verhältnisses auch die Präpos. *à* (17mal), deren Verwendung an die 1., aber nicht mehr an die 2. jener Bedingungen geknüpft ist.

b) als Genetiv der Benennung vor Personennamen: *le feste tous sains* LVII; *le Bras Saint Jorge* LXXIX; *du moustier S. Sophie* LXXXV, 1; *en l'isle S. Nicholai* X, XI; *de le feste S. Martin*, während vor sächlichen Eigennamen stets *de* eintritt: *le tour de Galatha* LV; *le chite de Coust.* CVII; ebenso XXXI, 7; XIII, 9; XIV, 2; XVII, 11; LXXXII, 23.

c) als Dativ ist der Kas. obl. in u. T. noch viel seltener als bei Villeh. u. Joinv. anzutreffen: Wir finden nur: *et tendirent leur tentes devant le palais de Blakerne qui estoit l'empereur* p. 37, 6 u.; *mais que toutes heures donnerent il triwes le marchis* CV, 4. — Anm.: *mander, prier, loer, requerre* werden bei hinzutretendem Gegenstandssatze in u. T. wie im Neufrz., d. h. mit dem Akk. der Person konstruiert. z. B. XXV p. 20; p. 13, 15; LVII, 4 etc.

d) als Akkusativus findet der Kasus obliquus die

häufigste Verwendung. Als Prädikatsakkusativ kommt er nur selten ohne Präposition vor: *si l'abat il mort de chu caup* p. 25, 20; *si l'en tinrent moult plus kier* XXVI, 6; *si t'avons fait seigneur* p. 48, u. — Sonst nimmt das Prädikat meist *à pour* oder *comme* zu sich: *adorer comme* p. 75, 7; *couronner à* LIX, 4 u; LXIV, 5; LXV Schl. etc.; *couronner comme* LVI; *cuider à* LXXXI, 4; *élire à* XCIII, 5; p. 72, 4; *nommer à* XCV, 8; *prendre à* p. 15, 6 u.; *reconnaître à* p. 35, 7 u.; *tenir pour* XII, 13; hieher gehört auch *avoir a non: Alexes avoit a non* p. 35, 8 u. etc. wobei nach Stimming (Z. I 579) der Name prädikative Bestimmung, der Begriff *non* aber Objekt ist (warum dann *a non?*)· Bei veränderter Wortstellung dagegen haben wir nur den reinen Präd. akk: *avoit non Kyrsac* p. 16, 3; *avoit non Alexes* p. 22, 2.

Sodann findet sich der Akk. als adverbialer Akk. noch in allen denjenigen Beziehungen in Anwendung, in welchen er im Afz. überhaupt gebraucht wurde, u. die wir daher nur kurz berühren wollen, so zur Angabe

1) des Ortes u. des Weges

2) der Zeit, auf die Frage wann?, wie lange? Regelmässig nach *che vint: quant che vint lendemain par matin* p. 38, 15; ebenso LXXX, 1; p. 4, 8; p. 26, 16; LII, 1; der ursprüngliche Dativ hat sich erhalten in: *quant che vint au vespre* p. 63, 5; — *au jour* XCIV; XCVI, 5. —

3) Der Entfernung, in welcher sich etwas befindet, oder etwas geschieht: p. 25, 17; XLVII, 8, 21; p. 45, 3 u.; CV Schl., p. 76, 9, 28; CVI, 4. Dagegen steht der Dativ, wenn der Punkt, von welchem aus gerechnet wird, angegeben ist: X, 7; XL, 7; XLIV, 14, ib. 15; LXVI, 6; LXXVI 3 v. Schl.

4) Der Art u. Weise bei Verben der Bewegung (Z. I, 197) zur Bezeichnung der Gangart: *aler grandesme aleure* p. 29, 4; ähnlich LX, 14; p. 53 u; p. 62, 9; CXII, 15; ferner *chevaucha tot le pas* XLVII, 7; *ales le pas* XLVII, 5. —

C. Der Kasus obliquus nach de und à (Genetiv und Dativ).

a) 1. Von Verben, die sich mit dem Gen. verbinden, ist zu erwähnen *prier: Seigneur, fist li soudans, je vus vourroie proier d'une cose que je vous dirai* p. 44, 13 u.

2. In vielen Fällen hat *de*, unabhängig von einem Nomen oder Verbum, die Bedeutung „in Betreff" (Frz. St. I, 3 p. 365): *mais du biscuit n'i avoit il mie tele kierte* LX Schl.; *Or vous lairons chi ester des pelerins et de l'estoire* XVIII, 1; p. 24, 19; *Or vus dirons de chel enfant et des croisies* XXIX, 5; XVIII, 2; LXXXV, 1; *si demanderent de le sereur le roi de Franche, se ele vivoit encore* LIII, 2; *et disent entr'ax que che sanloit des noes que che fussent angle* XLVII Schl.

3) Beim Passiv wird zur Bezeichnung des logischen Subjektes immer *de* statt *par* gebraucht, auch wenn von äusseren Handlungen die Rede ist (vgl. Gr. 177, 7): *et fu pris des Sarrasins* p. 16, 14; *et puis fu li marchis ochis de Haussassis* XXXVIII, 16: *si avint que le pais fu faite du marchis et de l'empereur* CX, 2.

4. Der gen. comparationis hat sich im Neufrz. nur bei Zahlbegriffen behauptet; afz. ist er von ausgedehnterer Anwendung (Gr. 398); mehr lässt er sich bei *pronomina personalia* beobachten (Ham. p. 36). Unser. T. liefert hiezu f. B.: *Jou ai un mien frere mainsne de moi* p. 44, 12 u.; *si se wagioient ensanle li empereres et l'empereerris que li uns des jus giueroit miex de l'autre* XC, 9; *Et li empereres Morchofles li traitres estoit moult pres d'iluec a mains de le getee d'une cailleu* LXXVI, 4 u.

5. Zu den Quantitätsbegriffen, die blosses *de* nach sich haben gehört uns u. T. auch *tout*: *Or y eut il tant d'autres chevaliers ... que nous ne vous savons mie tous nommer de vaillans chevaliers et de preus* p. 2, 7 u.

b) 1. *Assalir* weist f. zwei Konstruktionen auf: *assalir à* (von *adsalire*), z. B. *assalir a le vile* p. 11, 10; *as murs* LXXI, 5; *a le chite* CI, 7. — Von Personen *assalir q.* z. B. *Quant li Griu virent que li Franchois les assaloient si* LXXI, 6; *assalir les Grius* p. 58, 7; ib. 4.

2. Bei *faire* mit abhängigem Infinitiv findet sich einmal der Dativ der Person, obwohl kein zweites Sachobjekt vorhanden ist: *ales en Coust. et faites lor coroner* CI, 4 u. Ebenso: *si li fist bien warder* CVIII Schl., wenn nicht *l'i* zu lesen ist.

3. *A* vermittelt den Ausdruck des Preises (Diez 159): *si commist le ble a X besaus qui estoit a C* XXXIV Schl. Jedoch

mit dem Akk.: *que on vendoit le mesure de ble de le vile C besans* p. 27, 18.

4. Ferner wird die Präposition *à* ganz allgemein, wie lat. *cum*, frz. *avec*, verwendet, um die Begleitung auszudrücken (vgl Z. I, 202, Gr. 174): *Si comme li marchis fu hors des portes a toute se batalle* p. 25, 11; ebenso: p. 27, 11, p. 27, 5 u., p. 40, 18; p. 47, 10, LXIV, 7 etc.

5. Die elliptische Formel *à qui mieux mieux* (Matzn. I. §. 164) tritt in u. T. immer ohne Kasuszeichen auf: LXXVI, 4 u.; p. 62, 20; p. 64, 3.

6. Endlich findet der Dativ eine häufige Verwendung beim Superlativ des Adverbs in Sätzen, welche einen möglichst hohen Grad ansdrücken. Im Afz. blieb in diesem Falle sonst der Artikel weg (Z. I, 499): *se logierent au mieux qu'il peurent* X Schl.; *au plus tost qu'il peut* XV, 3 u.; ebenso XIX, 2 : XXXI, 2; p. 38, 18; LXXI, 2; selten findet sich der Akk.: *et feroit le miex qu'il porroit* CIX Schl; *si ordena le miex qu'il peut se batalle* p. 25, 8; ohne Artikel: *se se trait il plus pres qu'il peust de chu balliu* XXI Schl. —

V. Vom Verbum.

A. Arten des Verbums.

1. Häufig nehmen Intransitiva, besonders Verba der Bewegung oder Ruhe, ein reflexives Personalpronomen zu sich. Dazu tritt auch gerne das Adverb *en*:

se singler XIV, 1; *s'en entrer* p. 4, 12; p. 4, 15; *s'en issir* p. 19, 3; *se combattre* XXXIV, 1; XXXVI, 3 v. Schl.; XLIX, 4; p. 44, 17; p. 39, 4; XLVII, 1 etc. — In synonymer Bedeutung findet sich auch *assembler*, ist jedoch alsdann bei Rob. stets intransitiv z. B.: p. 41, 20; XLIX, 7. — In der Bedeutung „sich versammeln" ist es immer reflexiv (II, 1; III, 3 etc), mit Ausnahme von p. 72, 11: *si n'estoit jour qu'il n'assanlaissent pour chestui afaire.* Ebenso ist das einfache *sanler* (sich versammeln) stets intransitiv: LVI; p 43, 3 u. — *s'aparoir* p. 66, 2; *se dormir* LXII. 3; *se gésir* p. 84, 7. — Ferner *se vivre* p. 52, 8; *se conseiller* p. 25, 5; *s'oublier* LXII, 1; *se con-*

sentir findet sich bei Rob. nicht, nur einmal *consentir*, u. zwar beim Infin.: *qui ne voloit mie consentir* LXXIV. Dafür meistens *s'assentir* (z. B. XIII, 11), u. besonders *s'accorder*: V, V, XII, XXV, XXXIII etc.

Nicht in gleicher Bedeutung sind heute reflexiv: *s'en passer* XLI Schl.; *se tenir à* (vgl. Haase 75) = *tenir pour*: p. 27, 16 ; p. 44, 28 ; *se herbergier* LV, T.; ib. 6; X; *se logier* X ; X ; p. 27, 4 u.; *se deslogier* XXXVII Schl.; p. 84, 16. Dieses Verb. hat die Bedeutung aufbrechen, wegziehen u. ist synonym mit *se partir* LIX ; LX etc. Ferner ist reflexiv: *se departir* VI, 6 ; XXXII Schl. — *mouvoir* reflexiv. XLV Schl.; XLVI, 3 ; XLVIII. Intransitiv: IX, 2 ; XXXI, 5; p. 45, 2 u ; XCIX. — *émouvoir* immer reflexiv: XIII p, 9 (lies *s'* statt *l'*.); p. 25, 15 ; XL, 6 ; in *estoit esmus* p. 76, 9 v. Schl. ist *s'* ausgefallen (vgl. Eb. 14, 4 c.). — *vuidier* ist immer trans., wie bei Villeh. (Haase p. 73): p. 13, 14 ; LIX, 8, T.; LXXVI, Schl.; XCIV, 2 ; LXXIV.

2) Einige Verba, welche reflexiv sind, werden bei Rob. in gleicher Bedeutung auch **intrans.** gebraucht: *lever* XV, 1 ; XXV, 1 ; L ; *relever* LVII, 18 ; LV Schl. Nur zweimal reflexiv: XVII, 7; XXXIII, 2. — *défendre* p. 62, 18.

Von Verben, die heute reflexiv oder intrans. sind, u. bei Rob. in gleicher Bedeutung auch **transitiv** gebraucht werden, finden sich nur: *eslongier* p. 40, 10 u. (ebenso Haase 71) *partir* (vgl. neufrz. *départir, répartir)*: XCVIII, 19 ; CV, 9 etc.

Bezüglich des Gebrauchs der Hülfszeitwörter bei intrans. Verben ist f. B. bemerkenswert: *Iehans li Blaks et li Commain si estoient corut en le tere l'empereur* CVI, 2.

3) Einige Verba, die heute intrans. sind, werden bei Rob. auch trans. im faktitiven Sinne gebraucht: *mourir* p. 84, 16; *paistre* CII ; *warir* LXXXV, 7.; ib.; p. 66, 13 (oder *maint malade* = Nom. Plur.?).

4) Von unpersönlichen Verben, welche heute nicht mehr ausschliesslich so gebraucht werden, kommen bei Rob. noch vor: *calt* LXII, 11 ; *estuet* p. 72, 3 u.; *convient* XXI, 5 v. Schl.; XI, 11; CV Schl.

5) Statt des Passivums findet sich an f. Stellen auch (*il y*) *a* mit einem durch ein prädikatives Particip bestimmten Substantiv (vgl. Haase p. 69): *passe a un an et demi* p. 8, 6;

si que bien en i eut ars le grandeur de le chite d'Arras p. 40, 2; *si comme moult en i eut d'arse de le chite* XLIX Schl.

B. Moden.

Indikativ und Konjunktiv.

Sämmtliche Fälle des Konjunktivs lassen sich am einfachsten unter die zwei Gesichtspunkte „des Wunsches" (A), und der „Irrealität" (B) subsumieren. Wir wenden uns zur 1. Gruppe, und betrachten zunächst

A) 1. den Konjunktiv nach verbis dicendi, die sich auf den Willen beziehen.

Zu den gebräuchlichsten dieser Art, wie *mander, commander prier, requérir* fügen wir noch hinzu *loer* p. 15, 15 ; *avoir kier* p. 27, 8 u.; *crier sen ban que* VII, 1. Hiezu sind f. Bemerkungen nötig: a) Die Willensäusserung wird bei Rob. nicht immer durch eines der im Franz. hiefür üblichen Zeitwörter ausgedrückt, sondern ist häufig aus dem Zusammenhange zu entnehmen (vgl. Krollick p. 18): *Si envoient il pour patriarche . . qu'il venist coroner un nouvel empereur qu'il avoient eslut* p. 18, 4; *si les envoierent en Allemaingne pour chu vaslet qu'il venist a aus* XXX, 4; *Si avoient pourcachie unes lettres de Rome que trestout chil ... fussent eskemenie* XIV, 11; *si canta on une messe du saint esperit que li sains esperis les conseillast* XCIV Schl. — In einigen Beispielen fehlt die Konjunktion: *Se li ballierent le corone, et ele le donnast a cui que ele vausist qui rois fust* p. 26, 11.; ebenso p. 27, 15.

b) Fällt in den Hauptsätzen mit solchen Verben die Vorstellung einer Willensäusserung weg, so steht im Nebensatz natürlich der Indikativ; mit Vorliebe bezieht Rob. beide Moden auf dasselbe Hauptverbum, so dass eine Art Zeugma entsteht (vgl. Mätzn. S. II; 114) z. B.: *et se li dirent qu'il ne s'esmaiast mie d'avoir pourcachier, que il li donneroient grant partie de l'avoir* IV, 8; ebenso VI Schl.; LII, 9 ; p. 25, 1 ; LVII, 8 u.

Zu den Zeitwörtern, die eine Willensvorstellung enthalten, gehören endlich noch folgende, die im Nebensatze den Konjunktiv mit der einfachen Verneinung nach sich haben: *ne laisser* (vgl. lat. *intermittere non possum quin*) XXI ; XLIII, 9, mit *pour chou que* XI Schl. — *ne laisser en pais* p. 13, 5; *défendre* XLVI, 3; *ne estordre* p. 17, 6.

2) Der Konjunktiv nach Zeitwörtern, die den Begriff des Wunsches mit der Form eines allgemeinen Urteils verbinden (vgl. Bischoff 41): *Miex nous vient il anchois que nous y aillons, que nous conquestons viande et avoir par raisnavle acoison, que nous y aillons por morir de faim* XXXIII, 12 (*conquestons* = Konj.) Anm.: Statt des doppelten, einem lat. *quam ut* entsprechenden *que*, ist nur eines gesetzt (vgl. Matzn. S. II 216).

3) Hieran schliessen sich die Zeitwörter der Gemütsbewegung, bei denen das Urteil mehr persönlich u. subjektiv beschränkt erscheint. Nach diesen Zeitwörtern kommt in u. T. der Konjunktiv nur selten vor, meistens sind dafür (wie bei Villeh. u. Joinv., Krollick p. 22) andere Konstruktionen gebraucht, wie Sätze mit *de ce que, pour ce que, si, quant*, indirekte Fragesätze, Verbalsubstantiva etc. Der Konjunktiv findet sich nur an wenigen Stellen nach Ausdrücken des Fürchtens (mit *ne*): LV Schl.; LVII, 17 ; XCV, 10, 11 ; p. 39, 17. Für die übrigen Konstruktionen vgl.: XXIV, 5 ; p. 20, 14 ; p. 20, 4 u. p. 57, 7 ; XXI, 2 etc. — XXVII Schl. p. 50, 2 ; p. 17, 5 ; XII, 1 ; III, 1 ; p. 9, 1 ; p. 39, 15 etc. — XXVII, 2 ; p. 42, 13 ; CVI, 16 etc. — Nach einem Zeitwort der Verwunderung steht einmal der Indikativ, weil der Nebensatz thatsächlich Vorhandenes angibt: *ch'estoit miracles de Dieu que on ne les confondoit tous* p. 60, u.

B. Der Konjunktiv der Irrealität

erscheint zunächst

I. 1) ausnahmsweise in Gegenstandssätzen, die den Gegenstand einer Wahrnehmung angeben. Wir haben nur 2 Beispiele anzuführen, in denen nach positivem *voir* der Konjunktiv steht, weil sich die wahrnehmenden Personen hinsichtlich der Richtigkeit ihrer zu machenden Wahrnehmungen noch im Ungewissen befinden, was zur Genüge aus dem Zusammenhange der Darstellung hervorgeht: *tant que le femme au tavernier ala par aventure entor ses tonniaus veir qu'il fuissent bien seur* p. 20, 3;

Et desfendi on bien que pour nul besoing que cles eussent, les autres IIII ne se meussent de si, atant que ele veissent qu'eles eussent ausi comme tot perdu XLVI, 3.

2) In Gegenstandssätzen, die von Zeitwörtern der reinen **Vorstellung** abhängen, findet sich regelmässig der Indikativ; der Konjunktiv steht nur dann, wenn sich das denkende Subjekt hinsichtlich des Verhältnisses seiner Vorstellung zur Wirklichkeit in Unsicherheit befindet. So nach *cuider* (p. 26, 8 u., p. 49, u. vgl. dazu Tobler, Vrai An. p. 25), ferner nach *il m'est avis : Si leur fu bien avis, que toutes les mers et le tere translast* XLII, 4 (dagegen mit Indik: p. 20, 4); — *il semble:* XII Schl.; LXXXII, 13 ; p. 71, 14 ; p. 10, 6 ; XLVII ; LXXXIX Schl.

3) In Übereinstimmung mit dem alten Sprachgebrauche kommt nach den Verben des **Beschliessens** u. **Übereinkommens** der Indikativ zur vollen Geltung, insoweit man es mit einer vollendeten Thatsache zu thun hat; zugleich aber werden auch der Konjunktiv (u. die zeugmatische Konstruktion) gerne verwendet

a) Begriffe des Beschliessens α) Indikativ z. B. *nous avons pris consel que vous nous paieres* p. 8, 4. u. Ebenso p. 62, 31 ; LXXX, 10 ; LV, 2, 4 ; p. 76, 4, 3, 2 etc. — β) Konjunktiv, immer, wenn das Resultat des Beschlusses ein negatives ist, und somit der Inhalt des Beschlusses der Realität entbehrt: *tant que leur consaus ne leur aporta mie, qu'il fesissent* . . p. 44, 3 u.; *et n'eurent mie consel qu'il i alaissent* p. 42, 23 ; ebenso p. 42, 29. — Desgleichen nach der Wendung *disent entr'aus* in der Bedeutung „sie beschlossen" (wobei das Element des Wunsches mehr hervortritt): *Si s'asanlerent un jor tout li baron et disent entr'aus qu'il departesisent monseigneur Guion de se feme, et qu'il li donnaissent autre baron* p. 26, 18 ; *et disent entr'aus qu'il fesisent emperour* . . XCIII, 1.

b) Begriffe des Übereinkommens α) Indikativ: *tant qu'il s'acorderent li pelerin que on i alast* XL, 1 ; ebenso XLIV, 9.— β) Konjunktiv: *Adont s'acorderent li pelerin que on i alast* XL, 1 ; ebenso XCIII, 8 ; XCIV, 16, und immer bei negativem Resultate, nach *ne peurent s'acorder* (p. 20, u. etc.) u. *ne s'acorderent mie* XCIII, 7 etc., nicht nur in Gegenstandssätzen, sondern auch in indirekten Fragesätzen: *ne se pooient acorder en-*

saule, comment le moitie d'aus y peust aler XI, 5; ebenso p. 20, 3 u.; p. 26, 14 u. XCIV, 9.

II. Der Konjunktiv in determinierenden Relativsätzen.

Was den Konjunktiv in det. Relativsätzen betrifft, so lassen sich sämmtliche Fälle desselben unter die Regel subsumieren, dass dieser Modus dann gesetzt wird, wenn „dem Sprechenden die Realität des aus Beziehungswort nebst determinierendem Satz bestehenden Artbegriffes fraglich erscheint" (Bisch. p. 76).

1) Die Realität des Artbegriffes wird dadurch **unsicher** gemacht, a) dass derselbe den Gegenstand eines **Strebens** bildet (vgl. hiezu Bisch. 81). Hiefür finden sich auch noch im Nfz. zahlreiche Beispiele. b) dass der Hauptsatz einen darauf bezüglichen Ausdruck der reinen **Vorstellung** enthält: *et emprunterent tant de deniers comme il peurent a chiax qu'il quidoient qui en eussent* XII, 3; ebenso XCIII, 5; XCVIII Schl.; dagegen: *nous i avons eslut tel comme nous saviemes a nostre ensient qui boins i est* XCV, 16. Es sind dies dem lat. *talis qui, is qui* analoge Konstruktionen. c) dass der Hauptsatz einen darauf bezüglichen Ausdruck des Wunsches enthält (vgl. Bisch. 82): *si canta on une messe du saint esperit, que li sains esperis les conseillast, et qu'il les donnast a tel homme assener qui boins i fust et pourfis* XCIV Schl.; *Si li ballierent le corone, et elle le donnast a cui que ele vausist qui rois i fust* p. 26, 24.

2) Die Realität des Artbegriffes wird durch die auf ihn bezügliche Negierung des Hauptsatzes direkt in **Abrede** gestellt. Der Konjunktiv ist für diesen Fall auch im Nfrz. Regel: *tant que on fist crier par l'ost, qu'il n'i eust si hardi qui avant alast en le chite* p. 62, 24; ebenso XLVII, 17; XCII, 5 Schl.; LXXXV, 5, XCV, 5, XXXIII, 11. — Statt des Pronomens vermittelt das relative Adverb den Anschluss des determinierenden Satzes: LXXIV, 21; XI, 3 v. Sch.; XII, 8; XCIV, 15.

3) Der Sprechende ist über die Realität des Artbegriffes im **Zweifel**, indem er dieselbe

a) nur annimmt (Bisch. p. 88): *Et fist li dux les pons si bien warnir . . que cil qui i montassent pour assalir n'eussent warde ne de quarriaus d'arbalestes ne de saietes* p. 38 3; *et enprunterent tant de deniers comme il peurent a chiax qu'il cuidoient qui en eussent* XII, 3 daneben auch der Indikativ: XIV, 12.

b) in Frage stellt: *et demanda a se gent s'il y avoit chelui qui eust nul arc* XXIII, 6; *apres si demanda s'il y avoit mais de chiax que il en pesast qu'il estoit empereres* p. 15, u.

c) hypothetisch annimmt: *Pour Dieu, s'il y a nul de vous qui y sache metre conseil, se l'i meche.* XXXVI, 8.

d) insofern als etwas nur Angenommenes hinstellt, als nicht der Artbegriff selbst geläugnet, sondern das Verb des Hauptsatzes „welches eine auf diesen Artbegriff bezügliche Annahme enthält" negiert wird (Bisch. 89). Über die Natur dieses Konjunktivs, als des Konjunktivs der Einräumung s. ebend.: *Si en fu moult preudons chis empereres et li plus rikes et li plus larges, ne onques nus ne li demanda du sien qui de le loi de Rome fust, qui a lui peust parler, qu'il ne li fesist donner* C mars XVIII, 4; *apres si fist on jurer que il a femme forche ne feroient ne ne despouilleroient de drap qu'ele eust vestu* LXVIII 13, 17; *car nus hons terriens qui tant eust mes en le chite, ne le vous porroit nombrer ne aconter* p. 71, 10.

4) Dieser Konjunktiv der Einräumung liegt auch den Verallgemeinerungssätzen zu grunde (Bisch. 90). Der Gebrauch solcher Sätze beschränkt sich bei Rob. auf wenige Fälle. Die dabei verwendeten Interrogativformen sind *cui: Si li ballierent le corone, et ele le donnast a cui que ele vausist qui rois fust* p. 27, 26. — Attributives *quel: quele beste soit* p. 52, 24. — Mit dem Indikativ: *nous vous mesrons en quele tere que vous vaurres.* — Die sonst im Afz. sehr geläufige Konstruktion, den zu verallgemeinernden Artbegriff mit *por* „um — willen" einzuleiten, ist bei Rob. nur durch f. B. vertreten (vgl. Bisch. 92, Kroll. 39, Mätzn. Gr. 59, 4 S. I, 134); *Et desfendi on bien, que pour nul besoing que eles eussent, les autres IIII ne se meussent de si* XLVI, 3. — In den mit *quanque* (*qantum quod*) verallgemeinerten Sätzen steht bei Rob., wie bei Chrestien (Bisch. 94) der Indikativ: *et kanke il demandoient, estoit fait* XLVII, 4; *Et il leur respondi, qu'il feroit quanque il vaurroient* XXXII. 5*).

---

*) An dieser Stelle bemerkt Krollick (p. 39), dass sich der energische, unvermittelte Gebrauch des Imp. u. Plusq. Konj. in einräumenden Sätzen bei Villeh. noch nicht findet, u. zweifelt an dem frühen Vorkommen dieser Struktur. Dieselbe ist jedoch bei Rob., vereinzelt schon im Rol.

5) Auf demselben Charakter der Einräumung von etwas im allgemeinen Zugegebenen beruht ferner der Konj. in **Relativsätzen**, welche mit ihrem Beziehungswort zusammen das 2. Glied einer **Vergleichung** der Ungleichheit bilden (Bisch. p. 94): *Et li marchis de Monferras y metoit plus paine que nus qui y fust d'aler en Const.* XXXIII, 16. — Sodann weist Bisch. darauf hin, dass sich auch

6) in dem **Vergleichungssatze** selbst der Konj. findet, kann dies aber aus Chrestiens nicht belegen. Dieser Gebrauch, der bis ins Nfz. hereinreicht (Bisch. 95), wird zuerst von Horning für Froissart konstatiert (Z. V 386), der den Konj. als Optativ oder als Potentialis der Gegenwart auslegt. Die letztere Erklärung kommt der von Prof. Tobler herrührenden am nächsten, wonach „der Grund des Konj. der allgemein einräumende Sinn ist, in dem das im verglichenen Satze Ausgesagte seinem ganzen Umfange nach zugegeben wird". (Bisch. 95). Auch Kroll. bringt p. 27 zwei Beispiele aus Villeh. bei, u. legt diesen Konj. ebenfalls als Potentialis aus. Wir haben nur anzuführen: *et valoient mix li warnement qu'il avoit seur lui, que li tresors a un rike roi ne faiche* p. 75, 1. Sonst immer d. Indik. z. B. p. 26, 21 ; p. 14, 1 ; XIX, 8 ; XCII Schl.

Anm.: Einer ähnlichen Aufassung mag vielleicht der Konj. in f. B. entsprungen sein, das der grammatischen Form nach allerdings mit dem vorausgehenden nichts zu thun hat: *Et li marchis avoit trouve si grant kierte en le vile que on vendoit le mesure de ble de le vile C besans, qui ne fesist plus que sestier et demi a Amiens* p. 27, 17. (Das Getreide kostete in Askalon um so und so viel mehr, als es in Amiens kosten würde).

7) An den soeben besprochenen Konj. schliesst sich der Konj. in Relativsätzen, deren Beziehungswort von einem **superlativischen Attribut** begleitet ist. Wir treffen den Konj. nur in f. B.: *Si fu moult preudons chis empereres et li plus rikes de tous les Crestiens qui onques fuissent* XVIII. 4. — Dagegen findet sich der Indik. als Modus des (wenn auch nur in der Meinung des Sprechenden) thatsächlich Existierenden z. B.;

---

u. Alex. anzutreffen (Quiel 13): *si le corona lues esraument causist ou ne dengnast* p. 18, 17 ebenso LXXVI, 7; *veuilles en Babyloine, veuilles en Alexandre* p. 6, 6.

Et nous vous mandames pour le plus preudomme que nous saviemes IV, 4 ; ebenso XXXVI, 14 ; XLVII, 1 ; LXVIII, 5 ; p. 64, 8 ; XCIV, 20, 22 ; 79, 4.

III. Der Konjunktiv in adverbial determinierenden Sätzen.

1) In Wirkungssätzen tritt der Konj. überall da ein, wo die Wirkung irreal (d. h. beabsichtigt oder negiert) ist. In sämmtlichen Beispielen haben wir als Intensivum das Adverb *si*, verstärkt *par si que*, oder auch *par tel convenant que, en tele maniere que* (vgl. Kroll p. 33): *et fisent ches tors bien couvrir par deseure de boins cuirs, si qu'il n'eussent warde des esquieles des nes as Veniciens* LXI, 5. Ebenso LXIII, 1 ; LXIX, 7. — Aber *et il si fisent moult bien, si que li mur et les tours furent plus fort que devant* LXIII, 1. — *si comme* XLIX Sch.; *par tel C. que* p. 6, 1 (Ind.); *par si que* p. 6, 1 (Konj.); LXVIII, 7 (Ind.).

2) Nebensätze, welche dem Gesammtsinne des Hauptsatzes eine nähere Bestimmung hinzufügen, ohne dass eine deutliche Beziehung zu einem Gliede des Hauptsatzes zu erkennen ist. Hier, wie im f. Falle steht der Konj., wenn immer die Handlung des Nebensatzes der Realität ermangelt (negiert, beabsichtigt etc. ist) B. 101, H. 51, 52: *car che seroit uns grans perix d'aler i, que on ne leur getast pierres des palais* etc. p. 62, 12 n.; *et si les desconfisent si que onques de toutes les C galies n'en escapa que li Surien ne presissent toutes* p. 29, 10. — Mit d. Indik. LXXXII, 15 ; LXXXIII, 7 v. Schl. ; XXV, 4 ; LXVI, 10 ; LXXX, 10.

3) Nebensätze, welche den Grad einer durch ein Adjektiv, Adverb oder Substantiv (ohne Intensivum) ausgedrückten Eigenschaft bezeichnen (B. 111): *si avoit unes vautes qui estoit portees d'unes grosses colombes moult rikes; qui il n'i avoit çolombe qui ne fust on de jaspe ou.de porphile* etc. LXXXV, 3 (sc. so reich, dass); *Et n'avoit mie en tout le navie plus haut de IIII nes ou de V, qu'il peussent avenir as tours* p. 58, 4 u. (es gab nur 4 od. 5 Schiffe, die so hoch waren, dass). — *si alerent passer a un pont qui estoit pres, que de sic a II lives ne n'avoit passage a aler en Coust.* XLIV, 13. — *et d'autre part avoit uns grans caneus, uns grans conduis, par ou li awe venoit*

en Coust, que s'il i passaissent, il eussent grant damage de leur gent p. 42, 10 u. (ein Kanal von der Grösse dass) Nach H. 52 ist que = einem Relat. mit e. Präpos. — *et tant qu'il fisent un sort, que il faisoient doi et doi ensanle II noiaus de chire* XI, 7 (ein Loos, welches darin bestand, dass); *si leur enroia Diex comfort, que uns markaans i vint qui amena une nave de ble* p. 27, 3 u. (Gott schickte Hülfe, dadurch dass . .); *si se pourpenserent d'une grant traison qu'il voloient il prendre en le chite par nuit nes* LX, 8 (einen Verrat, den si dadurch bewerkstelligten', dass). Ebenso: *traison-que* p. 50, 5 ; *lait fait-que* LXIV, 13 ; *grandeur-que* p. 79, 9; *damaches-que* CXI Schl.

4) Temporalsätze stehen im Konj., wenn die Handlung des Hauptsatzes durch eine Handlung des Nebensatzes zeitlich begrenzt wird, welche irreal, d. h. beabsichtigt oder angenommen ist. Bei Rob. verteilen sich Indik. u. Konj. auf die Temporalsätze wie folgt:

1) *Devant che que* mit d. Konj. XXXI, 3 ; LXIV, 13 ; p. 66, 9 ; p. 26, 10 ; XCI, 11. — Dagegen *devant la que, devant que* nur mit d. Indik: XXII, 4 v. Schl. ; LVII, 16 ; LXXX, 8 ; LXXXIX, 4 ; XI, 3 v. Schl.; p. 67, u.; XCII, 9, 14.

2) *Anchois que* mit d. Konj. XXXIII, 12 ; p. 26, 8 ; LXXIX, 8 ; p. 64, 1 ; LXXXVII, 7 ; p. 72, 3.

3) *Apres chou que* mit d. Indik: CX, 1 ; CXII Schl.

4) *Tant (atant) que* = so lange bis mit d. Konj. XVII, 5 ; XLVI, 5 ; CVI, 12. — Mit d. Indik., wenn die Handlung des Temporalsatzes bereits zur Thatsache geworden ist. Beispiele lassen sich auf jeder Seite für diese in u. T. zur formelhaften Wendung herabgesunkene Konjunktion notieren.

5) *Tant comme* = so lange als, mit d Konj.: p. 36, 2 u.; LIV, 7 ; LXXXVIII, 4.

Entrementiers que mit d. Indik,: XVI, 1 ; XX, 6 ; XLVI, 7 ; LVII, 14 etc.

7) *Si (tost) comme* = sobald als, mit d. Indik (sehr oft).

IV. Die hypothetischen Sätze.

Der Konj., der im Französischen in hypothetischen Sätzen auftritt, ist wiederum der Konj. der Irrealität, d. h., wie im lat. III. Fall ist die durch die Bedingung gesetzte Annahme in Wirklichkeit nicht erfüllbar (Konj. Temp), oder nicht erfüllt worden (Konj. Plusq.); da die Folge alsdann auch unmöglich ist, so erscheint sie ebenfalls im Konj. Imp. oder Plusq. (Bisch. 114). Ueber die etymologische Bedeutung des Imp. Konj. siehe ibidem. — Die wenigen aus u. T. beizubringenden Beispiele gruppieren wir wie folgt:

I. Vollständige hypoth. Satzgefüge der Irrealität im Konj. Imp. = lat. Konj. Imp. (Symmetrie der Konj. Imp., Schäffer, Path. 34, 4): *Et d'autre part avoit uns grans conduis, que s'il i passaissent, il eussent grant damage de leur gent* p. 42, 10 u.; *se nostre volente i fust, il fust boin que on le mesist hors de prison* p. 44, 10.

II. Vollst. hypoth. Satzgefüge im Konj. Imp. = lat. Konj. Plusq. (vgl. Kroll 36, B. 116): *Et si li Latin vausissent, il m'eussent tot decope en pieches* p. 14, 5.

III. Vollst. hypoth. Satzgefüge im Konj. Plusq.: *Car je rus eusse piecha fait passer, s'il ne fust remes en vus* XIII, 3.

IV. Im bedingten Gliede des hypoth. Satzes kann, aus rhetorischen Gründen, wie im Lat., auch das Imperf. (Hist. P.) Indik. stehen (vgl. Gr. 327.) B. 128). Villeh. hat diese Konstruktion noch nicht, Joinv. nur in 2 B., dagegen wird dieselbe bei Froissart schon häufiger (H. 94): *si ne le vaurent mie souffrir, s'il n'eussent un ymage de Nostre Dame* CXIV, 2; *Ore ne voloient nient li Venicien souffrir que mesires H. fust empereres, s'il n'eussent chel ymage* CXIV, 10.

V. Das Imp. Konj. findet sich im elliptischen hypoth. Satze, dem der bedingende Nebensatz fehlt (B. 119, Quiehl 40): *Tant que Kyrsaacs vit qu'il li convenoit aler avec aus maugre sien; et moult volentiers s'en venjast d'aucun d'aus* p. 17, 12; *car trop estoient peu gent, ne il n'i eussent duree, ains se remisent ariere en leurs nes* p. 40, 3.

Infinitiv.

1) Ueber die Verba des Empfindens (Gr. 228, 6) ist zu bemerken, dass *penser* mit *de* konstruiert wird: *Seigneur, or penses du bien faire* p. 13, 7 u. (= einer Sache gedenken); *douter* nur mit *d*, zum Ausdruck einer Zielbestimmung (vgl. Frz. St. I, 3 p. 384, 390): *car il doutoient moult a ariver par devers Coust.* p. 36, 2; *Et disent qu'il ne doutaissent mie a assalir les Grieus* p. 58, 6.

2) Die Verba der Bewegung nehmen im Altfrz. den reinen Inf. zu sich (Gr. 229); er ist alsdann als Objekt des Verbum finitum anzusehen (Frz. St. 367); in vielen Fällen aber genügte dem Sprachgefühl der reine Inf. nicht, u. wurde daher meist durch die Präposition *à* unterstützt: *et pour ches perix si ne s'oserent mie metre, ains demourerent esluer tout coi* p. 63, 6 u. etc. — Mit *à*: *Le roine se mit en mer avec Androine a venir en Coust.* p. 15, 2; *Si se met a le voie a aler vers le mouster S. Souphie* XXII, 5; *Mais quant li estores mut a aler i* XXXI, 5 ebenso p. 25, 15 ; p. 76, 10 v. Schl. (vgl. Frz. St. 371); *chiaus de l'ost qui se departirent de Coust. a aler outre mer* p. 24, 1; *Or estoient che une gent chil Griu qui estoient venu au rivage desfendre* p. 36, 4 u.; *si descendent a geter grandesme quarriaus* LXXI, 7; *par le quemun assentement de vus tous fumes nous envoie a cheste eslection faire* XCV, 16 (Frz. St. 373).

3) *A* statt *de* (wie Gr, 232 angibt) nach „anfangen, unterlassen" zum Ausdruck einer speziellen Richtung, nach welcher der durch das Verbum finitum ausgedrückte Thätigkeitsbegriff geleitet wird (vgl. Frz. St. 374, 380 c): *Chis est vaillans et hardis, quant si grant hardement entreprist a faire* XXII, 18, 1; *si se commenchent a desconfire* p. 25, 22; *si akieut il a chachier chiax qui fuioient* ip. 25 ; ebenso LXXVI, 8 ; *De le grandeur de le vile vus lairons nous ester a dire* p. 71, 9 ; ebenso p. 77, 1; dagegen: *Apres avint par un devenres qu'il s'apareillioient d'assalir* LXXI, 1.

4) Zu Gr. 232, 2 : *Et li message jurerent a tenir chu markie* p. 6, 9 (*à* zum Ausdruck e. Zielbest. Frz. St. 384, 391); *et moult bien li pramisent a faire lui servige* LIII, 6.

C. Tempora.

1) Das Präsens historicum wechselt oft mit dem histor. Perfekt innerhalb einer Satzperiode (vgl. H. 82): *Si voit ele Androine ; si le reconnut mout bien* p. 20, 5; *si le prent il, si li creva les iex* XXVIII, 2; *Li marchis si se met il a voie par derant, et li empereres le sivi apres* p. 25, 10 ; Ebenso p. 25, 26 ; p. 26, 7 ; p. 29, 5 ; XXXVIII, 3 ; p. 41, 19 ; LII, 3 ; LX, 14 ; p. 54, 8 ; p. 55, 1 ; p 59, 9. — In umgekehrter

Folge: *si s'en vint a une chite, si le prent il par traison* CI, 2 etc.

In Satzgefügen, die mit einem temporalen Nebensatze (mit *quant*) eingeleitet werden, verteilen sich bei Rob. die Tempora wie folgt:

1. Nebensatz im Hist. Perf. — Hauptsatz im Hist. Perf.
2. „ „ Hist. Perf. — „ „ Hist. Präs.
3. „ „ Hist. Präs. — „ „ Hist. Perf.
4. „ „ Hist. Präs. — „ „ Hist. Präs.

Für den 1. Fall dürften Belege überflüssig sein; für den Fall 2 finden sich ebenfalls ziemlich viele Belege: *Quant li Griu virent chou, si vienent a Morchofles* LXVII, 1 ; *Quant li Griu virrent chu, si tornent en fuies* p. 13, 3 u; ebenso XXII, 3 ; p. 62, 6 ; p. 54, 5 ; LXXXI, 1 ; XCVI, 1 etc. — ad 3; *Quant chil qui desfendoient as tors et as murs voient que li Franchois estoient entre en le chite, si n'i oserent demorer, ains s'en fuirent qui miex miex* p 62, 18. Dies ist das einzige B. für Hist. Präs. nach *quant*; in der älteren Zeit begegneten sie häufiger (vgl. Bockh. 18, 5). — 4 kann nicht belegt werden.

Während Rob. dieses Tempus in der lebhaften Schilderung häufig anwendet, bedient er sich desselben fast nie bei Verben dicendi, die eine direkte Rede einleiten; vgl. dagegen diesen Gebrauch im Rol. (Bockh. 16), sowie auch noch bei Villeh. (H. 82). Wir haben nur anzuführen: *Ichi, fait li images, les boutera on* XCI, 7. Ebenso LXXXVIII Schl.

2) Das **Perfektum II** wird nur noch ausnahmsweise als erzählendes Tempus gebraucht. In der älteren Sprache war dies sehr häufig (Bock. 26 ;˙Gr. 279 ; Rom. St. V, 470); bei Villeh. erscheint es gleichfalls „nur mehr vereinzelt in Uebergängen (H. 84): *et il y unt puis tous jours atendu, ne n'i waaingnierent rien, ains y ont moult perdu* p. 8, 5; *Androines, por coi as tu si faitement tray ten seigneur, et pour coi mordrisis tu se femme et sen fil, et pour coi as tu si volentiers fait mal . . .?* p. 20, 19; *Par foi, disent il, nous avons durement asali et entraines en le chite* XLIX, 3 v. Schl.

3) Das **Hist. Perf.** ist in der Sprache des XIII. s., somit auch bei Rob. das leitende Tempus der Erzählung geworden, das auch gelegentlich die Funktionen anderer Tempora versieht.

a) Der Unterschied zwischen **Imp.** u. **Hist. Perf.** scheint, wie aus f. Stellen ersichtlich ist, bei Rob. schon mehr im modernen Sinne ausgebildet zu sein, als bei Villeh., wo der Gebrauch dieser Tempora „ganz willkührlich u. schwankend ist" (H. 85): I, 3, 7 ; XIII, 14 ; p. 10, 9 ; XVI, 3 ; p. 16, 17 ; XLVI, 7 ; CVI, 16 etc.

b) Der in der älteren Sprache ausgeprägten Vorliebe der histor. Auffassung vergangener Thatsachen (vgl. Bockh. 43) begegnen wir, wenn auch nicht so häufig, wie bei Villeh. (87, 88), an Stellen, wo die Beziehung auf die Gegenwart (somit Perf. II) näher liegen würde: *Et vous mandames pour le plus preudomme que nous saviemes* IV, 4 (kurz vorher findet sich Perf. II); *Chis est vaillans et hardis, quant si grant hardement entreprist a faire* p. 18, 1; *Vous pendistes men pere et si geustes a me femme a forche* p. 21, 13. — Auch das Imperf. findet sich statt Perf. II: *Si aviemes moult grant peur de vous; si veniemes a vus* XLIX, 5.

Ausschliesslich gebraucht Rob. dieses Tempus (oder auch tempor. Plusq. II) in Verbindung mit temporalem *onques* (vgl. Bockh. 42, 2): XV, 5 ; XVIII, 6 ; p. 14, 1 ; XVIII Schl.; XIX, 7 ; XXI, 23 ; p. 26, 22 ; p. 29, 5, 11 ; XLIII, 11 ; XLV.

4) Imperf. u. Hist. Perf. treten oft für die beiden Plusquamperfekta ein (vgl. H. 89, Z. I, 210): *si disent chou que li empereres li mandoit* XIX, 10; *si que li empereres en fu blasmes pour chou que n'i apela mie tous les haus barons* CX, 3; *l'empereur Baudouin qui fu* (= gewesen war) CXIII, 4; u. häufig nach *quant: et quant il vinrent tout ensamble, si prisent conseil* II, 3 ; ebenso II, 7 ; III, 1 ; p. 4, 3, 6 ; VI, 15 etc. — Im Passiv: *et maistres Iehans qui estoit eslis a estre evesques d'Acre* p. 1, 2 u.; *le tere qui estoit conquise* CVII, 7. — Im Konjunktiv: *ne n'i avoit cheval qui ne fust couvers de ..* XLVII, 13 ; ib. 18 ; p. 74, 20 ; p. 29, 6 etc. — Auffallend ist das Präs. an f. Stelle: *si n'i avoit chelui n'ait bien XX pies de haut* XCI. — Anm. Ein passives Plusq. II kann bei Rob. ebensowenig als bei Villeh. (H. 90) belegt werden.

5) Die Plusquamperfekta verhalten sich wie Hist. Perf. u. Imperf., d. h. das Plusq. II konnte für Plusq. I eintreten, als relatives Tempus gebraucht werden. Doch während das letztere in der älteren Sprache seltener ist (vgl. Bockh. 60), wird es bei Rob. ebenso oft wie Plusq. II angetroffen (desgl. bei

Villeh. H. 91). Plusq. II statt Plusq.: *Et li Franchois virent encontre* aus; *si eurent moult bien leur batailles ordenes* p. 13, 27; *si en furent tout lie du grant don que li empereres leur eut donne* XXIV Schl. ; *Si prenent il A., si le loient il si comme chil eut devise* p. 21, 8.

6) Das Futur scheint bei Rob. manchmal eine Gewohnheit, eine wiederholt vorkommende Handlung zu bezeichnen, die wir im Deutschen mit dem modalen Hilfsverb „pflegen" (vgl. engl. will, would) umschreiben würden (vgl. Z. I 211): *Si vous dirons quel gent chil Commain sont. Ne ja tant comme il vont, riens ne carkeront ne ne prenderont devant au repairier; ne ja n'iront autrement arme fors qu'il ont unes vesteures de piax de mouton* p. 52, 5.

D. Behandlung des Partizips.

Hinsichtlich der Kongruenz des Part. mit einem vorausgehenden Objekt sind folg. Abweichungen von der allgemeinen Regel zu konstatieren: *et si i paroient encore les lermes que nostre dame avoit pleure deseure* XCII Schl.; *et que l'os estoit moult apourije de chele cüeilloite qu'il avoient fait* XII, 7; *et par les pons qu'il aroient fait* p. 39, 2 u.; *qui si grant cose, comme Coust. est, aves conquis* p. 44, 18.

E. Numerus Verbi.

1) Mehrere Subjekte im Singular erfordern im allgemeinen den Plural des Prädikats (Gr. 300); wenn die Subjekte jedoch dem Verbum nachgestellt sind, so bleibt das Verbum gewöhnlich im Sing. (vgl. H. 80): *Adont si fu croisies li cuens Thiebaus de Champagne et Baudouins li cuens de Flandres et Henris ses freres* I, 3; ebenso p. 25, 21, 15; p. 28, 1; p. 41, 16; p. 44, 30; LXXVI, 14; 15 etc.

2) Als Beispiele von Syllepsis sind zu erwähnen: *Et a cascun des vissiers avoit un mangonnel qui getoient ades as murs* p. 38, 7; *Quant li marquis eut dit as Veniciens que qui aroit chel enfant il aroit boine acoison d'aus estoirer* XXX, 1.

VI. Adverbium.

1. Die Satz-Partikel si.

Die Partikel *si* (*se* = lat. *sic*) erfreut sich bei Rob. einer ungemein häufigen Anwendung, was mit der naiv u. volkstümlich gehaltenen Erzählungsweise dieses Schriftstellers vortrefflich übereinstimmt. Dabei tritt diese Partikel in verschiedenen Funktionen auf, die in gewählter Sprache von besonderen Wörtern übernommen werden müssten. Diese Funktionen sind nun die einer koordinierenden K o n j u n k t i o n, u. eines A d v e r b s (vgl. Eb. 18).

1) Si wird wie *e t* gebraucht, u veranlasst Inversion des Subjektes, woferne dasselbe nicht ausgelassen ist. Dies ist der in u. T. am öftesten wiederkehrende Fall. Beispiele auf jeder Seite. Sehr oft entspricht ferner diese kunstlose Einfügung mit si dem Gebrauch des heutigen *or*, mit dem es in der That mehrmals wechselt. Man vergleiche z. B.: *Si est Blakie une moult fort tere* LXIV, 3 v. Schl. mit: *Or est Blakie une tere qui est du demaine l'empereur;* ib. 8. Weitere B. sind: p. 13, 5 u.; p. 26, 12 ; p. 26, 7 v. Schl.; LXX, 7 etc. — Ebenso in der Wendung: *Si vous dirons* I, 2 ; p. 52, 12 etc., neben *Or vous dirons* LXVI etc. — Endlich geht *si* noch vielfach in die Bedeutung von *puis, alors, ensuite* über z. B. II, 7 ; VI, 4 ; VIII, 9 ; XIII, 19 ; p. 11, 12, 13 etc.

2) *Si* (verstärkt *adont si*) verbindet manchmal Sätze, die in kausalem Verhältnisse zu einander stehen, u. wird gleich „*donc,* dashalb, daher": IV, 7 ; p, 11, 8 ; XVII, 2 ; XXVI, 6 ; p. 28, 1 ; p. 37, 7 ; LXIX, 6. — A n m.: Näher liegend ist es, hier das im Nfrz. unter denselben Bedingungen verwendete Adverb „*aussi* = daher denn auch", das wie unser *si* Jnversion des Subjekts zur Folge hat, zum Vergleiche heranzuziehen. Es lassen sich alsdann obige Beispiele noch durch zahlreiche andere vermehren, in denen das schroffere *donc* nicht am Platze wäre.

3) Seltener verbindet *si* zwei Sätze, die im Verhältniss von Bedingung (die auch durch einen Imperativ angezeigt werden kann) u. Folge zu einander stehen. Als einziges B. begegnet uns:

Seigneur, en Grece a moult rike tere. Si nous poiemes avoir raisnavle acoison d'aler y, che me sanleroit boins consaus, et si porriemes bien outre mer aler XVII; *Pour Dieu, s'il y a nul de vous qui y sache metre conseil, si l'i meche!* XXXVI, 9. — In gleicher Weise steht auch *et*, das noch im Nfrz. so verwendet wird (Mätzn. Gr. 493), u. von Tobler (Z. II, 142) auch für das Afrz. nachgewiesen wird: *Mais or vous en ales tout ensanle, et je vus siorrai* p. 13, 6; ebenso p. 13 u.; p. 27, 6. — Aehnlich steht *et* nach einem Temporalsatze: *Si comme li marchis fu hors des portes a toute se bataille, et li empereres va, si li fait il fremer le porte apres* p. 25.

Anm.: Adversatives *si* lässt sich aus u. T. nicht belegen.

Mit dem unter Nr. 1 behandelten „*si*" ist nun syntaktisch u. begrifflich jenes *si* durchaus identisch, das man seit Diez als „bis, bevor" deutete, u. über dessen Natur erst Emil Gessner (Z. II, 573) Klarheit verbreitete. Und in der That, vergleicht man in der f. Periode das letzte *si* (= bis) mit den vorausgehenden, so wird jeder etwa bestehende Bedeutungsunterschied zwischen diesen einzelnen Satzadverbien verschwinden, sobald man sich nur den letzten Satz "*ainc ne cessa*" gestrichen, oder durch einen positiven Satz, etwa „*si (se) singla tous dis*", ersetzt denkt: *Quant li marchis oi ches nouveles, si ne fu mie a aise; si vient il le nuit meesme, si fait il atorner ses galies, si se met il en mer, anchois qu'il fut jours, si s'en va il; ainc ne cessa, si vint a Sur* p. 26, 6 u. — Anm.: Für dieses *si* kann auch *que* u. selbst *quant* eintreten. Man vgl.: *Apres ne demora mie, si se combati as Sarrasins* XXXIV, 1 ; *Et ne demora waires apres, que li empereres et si traiteur pourparlerent une grant traison* p. 25, u.; *Apres ne demora mie granment, quant* . . LXII, 14 etc.

Denselben Dienst, wie si versieht in u. T. das sehr häufig wiederkehrende *tant que* (*atant que* XLVI), das wohl manchmal = *jusqu' à ce que* ist, u. dann den Konj. regiert (XVII, 5 ; CVI, 12 etc.), in der grösseren Mehrzahl der Fälle jedoch nicht sowohl zum Ausdruck des „Bisbegriffes", oder einer Gradbestimmung, als vielmehr zum Zwecke der Koordination von Sätzen verwendet wird, die in einem losen Zusammenhange stehen. Wir finden es daher oft an die Spitze des Satzes gestellt, wo wir keine andere Partikel erwartet hätten, als die allgemein gehaltenen *puis, adont* od. *si* Als solches abgeschwächtes Satzadverb tritt es vorzugsweise nach Ausdrücken des „Sagens, Besprechens, Beratens" auf, u. hat dann, wie das einfache *que* (Z. I 507) die Bedeutung von „worauf, engl, *when*". Sehr oft nimmt es *et* (= u. zwar) zu sich. Es ist überflüssig, sämmtliche Beispiele anzuführen: *Apres li haut homme croisie et li Venicien parlerent ensanle de l'eskemeniement, tant qu'il se consellierent entr'aus qu'il envoieroient a Rome pour estre assous, tant qu'il y envoierent le vesque de Sessons* XV. Ebenso XXV; p. 53, 6 u. etc.

4) Wie nach einem Hauptsatze, ist es auch nach einem Nebensatze die temporale Beziehung, welche in den beiden durch *si* verbundenen Sätzen meistens zum Ausdruck gebracht wird. So nach einem Temporalsatz mit *quant*: II, 3 ; III, 2 ; p. 4, 3, 6, 10, 13 etc. — *si comme* XI, 12 ; XII, 19 ; XXII, 6 etc. — *entrementiers que*: XVI, 1 ; XX, 6. — *si tost comme*: XXXVI, 16. — *entre ches entrefaites que*: p. 27, 13 etc.

5) Die Partikel *si* führt das Prädikat ein nach Subjektssätzen u. nach zum Subjekte gehörigen Relativsätzen (Tob. Vrai An. 24): *et chil qui avoit le noiel an brief, si convenoit qu'il alast en l'estoire* XI, 11; ebenso: XI, 24 ; p. 16, 15 ; p. 25, 2 ; LX, 8 ; p. 50, 1 u. ; LXVIII, 3 u. (lies *si* statt *il*) LXXXI, 15 (*si* statt *li*) etc. — Ferner nach einer adverbialen Satzbestimmung z. B. *adont si, apres si, puis si, puis apres si, dont si, ensi si la si, illueques si* etc. — *Et pour chou lait fait que on li fist, si s'en parti* LXIV etc. — Sodann nach dem Subjekte: *Chus vasles si fu fix l'empereur* XVII ; ebenso p. 15, 5 ; XXVIII, 2 ; p. 35, 5 ; LIII Schl.; LIV, 5 ; p. 48, 7 ; LXVI, 8 ; p. 67, 8 u.; XC, 3. — Und endlich einmal nach einer Ergänzung des Verbs: *A chest consel si s'acorderent tout* XXXVI Schl.

2. En

findet sich oft pleonastisch neben einem anderen Genitivobjekt: *si que les gens de le vile s'en mervellierent trop de le grant goie* p. 10, 5 u.; *et que je vus en cache hors de me tere* p. 13, 6.

3. Dont

nimmt mit Beziehung auf einen ganzen Satz kausale Bedeutung an (= *ce dont, de quoi*): *Et si morut ausi maistres Foukes, dont che fu moult grans domages avec les croisies* II Schl.; ebenso XI, 8 ; LXIV, 14.

4) Häufig dienen Ortsadverbien in pleon. Weise zur Verstärkung eines Verbums der Bewegung; *si s'en ist il hors de le maison* p. 17, 9 ; ebenso p. 13, 6 ; LI, 3 ; p. 67, 3 u. *li message s'en revinrent ariere en* C. XVIII, 13, 22 ; XXV, 4 ; p. 42, 15, 16 ; XLVI Schl. — *et s'asanlerent toutes ensanle* p. 42, 17 etc.

5) Um einen gleich hohen Grad zu bezeichnen, bedient sich Rob. in affirmativen Sätzen ausschliesslich der einfachen Intensiva *si* u. *tant*: *si li loerent li baron qu'il envoiast se sereur a si haut homme et a si rike homme comme li empereres estoit* XIX Schl.; *tant que li message leur donnerent tant d'or et d'argent comme il demanderent* XXVI Schl.; ferner: p. 17, 12 ; p. 42, 3 ; p. 44, 18 ; LXIV, 2 ; CVIII, 6.

6) Die Verdoppelung des Adverbs „nensi" bildet eine Art Elativus in f. B.: *et li cuens de S. Pol et mesires P. d'Amiens li remanderent, que nensi nensi ne retorneroient* p. 41, 14.

Zweiter Teil.

Wortstellung.

Das Französische musste nach einem grossen Verluste an Flexionsendungen, wodurch vor allem eine Unterscheidung von Subjekt u. Objekt wesentlich erschwert wurde aus „praktischen Gründen" (vgl. Ziemer p. 50), d. h. um seine Klarheit zu bewahren, zu einem System der Wortstellung greifen, das von Weil (p. 51, 60) die „fallende Wortstellung" (construction descendante) genannt wurde, u. darin besteht, dem bestimmenden Ausdruck im Satze immer den bestimmten folgen zu lassen (W. 43). Wird nun von diesem Prinzip, das nach u. nach traditionnel geworden war, abgewichen, so haben wir die Motive der nunmehr okkasionellen Wortst. zu ermitteln (vgl. Ziemer 50); diese entspringen teils dem Bedürfnisse nach Abwechslung (Weil 60), teils aber auch dem Affekte des Sprechenden, welcher, einem psychologischen Gesetze zufolge, das Betonte an die Spitze des Satzes stellt, u. so eine Häufung der Ideen im steigenden Sinne veranlasst (Construction ascendante, Weil 38). Bei letzterer Wortst., die zum Ausdrucke lebhafter Schilderung dient, drängen sich die Ideen, u. verbinden sich dadurch enger, während sie bei ersterer Wortst., die sich mehr für objektive, beschreibende Darstellung eignet, in analytischer Weise nacheinander abgewickelt werden. Unter Berücksichtigung dieser Gesichtspunkte lassen sich die in den f. Kapiteln zu besprechenden Erscheinungen meistens einfach u. natürlich erklären.

Attributives Substantiv.

Der im Altfrz. häufige Fall, dass das attributive Substantiv vom regierenden durch das Verb oder anderweitige Satzbestimmungen getrennt wird (Krüger 4), ist in u. T. nur durch f. B.

vertreten: *qui canoines estoit d'Amiens* p. 2, 9 u.; *et le moitie qui armes porront porter de toute Venice* p. 6, 2 ; desgl. beim abhängigen Infinitiv: *Et li marchis de Monferras y metoit plus paine que nus qui y fust d'aler en Coust.* p. 24. 16. — Häufiger ist das Beziehungswort des nachstehenden Attributiv-Substantivs ein Adverb der Quantität, z. B.: *Et moult conquist chis prestres d'avoir a porter en le sainte tere* I, 11 etc. — Von seinem nachstehenden Beziehungswort durch dazugehörige Satzteile getrennt erscheint das attrib. Subst. nur in f. B.: *Et des barons qui y furent nous ne les savons mie t o u s nommer, mais une partie vous en savons nous nommer* p. 2, 2 ; ebenso p. 3, 1. — Anm. Ist in diesem Falle das Beziehungswort ein Adverb der Quantität, so steht es in u. T. immer unmittelbar nach dem Attribut-Subst.: *et autres clers asses* p. 2, 1 ; *et si eu y eut d'autres asses de Bourgoune* p. 2, 15; *et si i mist li quens de Flandres de ses deniers tant* VIII, 8; *et chevaux et autres coses asses* p. 25, 9 u. — Das attribut. Subst. tritt also gern in hervorragende Stellung, an den Anfang oder das Ende des Satzes; die Absicht der besonderen Hervorhebung ist dabei in den meisten Fällen nicht zu verkennen (vgl. Frz. St. I, 316, 359).

Attributives Adjektiv.

Unser an Epitheten nicht besonders reicher Text lässt hinsichtlich der Stellung des Adjektivs die im Altfrz. herrschende Tendenz erkennen, dem Adjektiv seine Stellung vor dem Subst. einzuräumen: *seske legnne* LX, 9; *blanc marbre* LXXXII, 12; *le beneoite corone* LXXXII Schl.; *si faite goie ne si fais estoires* p. 9, 7 u. — Anm.: das Adj. *pur* wird von seinem Subst. durch den best. Artikel getrennt: *si remest en pure le cote* p. 74, 23 ; aber *tant de le pure honte* p. 25, 15 (vgl. Suchier, Auc. 52.

Partizip u. Hilfsverb.

Das Hilfsverb hat in der alten Sprache noch selbständige verbale Bedeutung, u. das damit verbundene Partizip noch seine Bedeutung als selbständiges, prädikatives Nomen (Kr. 13). Dieser Anschauungsweise gemäss geht daher regelmässig das Objekt, resp. Subj. seiner prädik. Bestimmung voran.

1) Sehr häufig schliesst sich das Objekt dem Hilfsverb (*avoir*) unmittelbar an (Kr. 14): *Quant il eurent ches deniers cueillis* p. 7, 3 u. etc. Alte u. moderne Stellung vereinigen sich zu einem Chiasmus in f. B.: *et il eurent tendu leur voiles et leur banieres mises haut as castiaus* p. 10, 5.

2) Das Subjekt steht zwischen Hilfsverb u. Partizip, a) bei être: *Si s'en fu li estores ales en l'isle de Corfaut* XXXI, 4 ; *Adont furent trestout li baron de l'ost mande* XXXIII, 1 ; *puis fu li marchis ochis* XXXVIII, 6 etc. — b) bei *avoir*: *Or avoit en chu point uns hons de le chite assis l'empereur* p. 24, 9 u. etc. In allen diesen Fällen wird durch ein an der Spitze des Satzes stehendes Adverb Inversion des Subjekts hervorgerufen.

3) Ist das Objekt ein Substantiv, so kann es, wie das pers. Pron. vor das Hilfsverb u. Partizip treten, aber nur im Relativsatz: *qui toutes les hontes a faites* XXII, 10; *pour veir chu vaslet qui chu hardement avoit fait* p. 17, 2 u. Ebenso p. 20, 10 ; p. 21, 4 ; p. 84, 16 etc.

4) Die Voranstellung des Partizips vor das Hilfsverb (Kr. 16) ist schon sehr selten; a) bei *avoir*: *et corone l'aves a empereur* p. 44, 20 ; *et ses juiaus qu'il illuec laissies avoit* p. 62, 17. — b) bei être: *qui fait estoit* X, 2 ; ebenso p. 34, 2 ; II, 2 ; LXXXV, 1.

Verbum finitum und Infinitiv.

Was die Stellung des Inf. in Bezug auf ein Verb. fin., von dem 'er abhängt, betrifft, so hat sich in u. T. schon das nfrz. Gesetz geltend gemacht, den abhängigen Ausdruck dem Satzteile folgen zu lassen, von dem er regiert wird. Die noch im 13. s. übliche Stellung Inf. Verb. fin. (Kr. 18) findet sich nur noch vereinzelt in f. B.:

a) beim reinem Inf.: *que tot chil gaigner voloient, i alaissent* LVII, 7; *ne qui avenir i devoient* XCII, 8; *adont si en ferons chou que faire en deverons* CI Schl.

b) beim präpositionalen Inf.: *Or seigneur, or du bien faire nous arons ja* LXXVII, 5. — Dagegen begegnen wir einer vom Neufrz. durchaus verschiedenen Auffassung beim

Verbum fin. u. Inf. im Verhältniss zum Personalpronomen.

Das tonlose Pron. pers., das im Nfrz. als Objekt des Inf. erscheint, wurde im Afz. als Objekt des gesammten Verbalausdruckes angesehen, u. daher stets vor das Verb. fin. gesetzt (Kr. 19). Diese Regel erleidet nur f. Ausnahme, welche durch das Inversion bewirkende „*et*" veranlasst wird: *Et fist on parler latimiers a lui et fist on lui demander* LIV. — Anm.: Auch das zu einem zweiten Inf. gehörige Pronomen wird vor das Verbum fin. gesetzt: *ne ne li s'osoit puis parler ne conselier a nului* p. 72, 3 u.; *si s'acueillent a huer et a escrier* p. 57, 9.

Dieselbe Stellung bleibt, wenn der Inf. vor das Verb. fin. zu stehen kommt (Kr. 19): *qui aler s'en vaut* LXXX Schl.; *ne qui avenir i devoient* XCII, 9 ; *et puis s'en revenir (sc. voloit) ariere* p. 46, 6. — Zu erwähnen ist ferner ein B., in welchem das Pron. zum Verbum des Hauptsatzes tritt, obwohl es zum Verbum des mit *que* angeknüpften elliptischen Nebensatzes gehört; Stimming (Z. I 192) weist einen ähnlichen Fall für *ne faire — que* nach: *et li empereur respondi qu'il ne leur avoit que paier* LVIII, 5. — Auch die Negation tritt zuweilen vom Inf. weg, u. zum Hauptverbum (Z. I 192): *et puis n'eut mie consel d'aler avant* CII, 7. — Ebenso, wenn wir statt des Inf. einen vollständigen Nebensatz haben: *Et n'eurent mie consel qu'il i alaissent* p. 42, 23, 29 ; *et tant que leur consaus ne leur aporta mie, qu'il fesissent chou que li soudans leur requeroit* p. 44, 3 u.

Verbum fin. u. Inf. in Verbindung mit anderen Satztellen.

1) Das Subjekt des Inf. steht häufiger vor als nach dem Inf. (Kr. 21): *quant il rivrent ches nes venir* XIV, 3 etc.

2) Ist das Objekt des Infin. ein Substantiv, so kann es auch vor das Verb. fin. treten, aber wiederum nur im Relativsatze (vgl. vorg. Kap. Nr. 3): *qui armes porront porter* p. 6, 2 ; ebenso: XVII, 12 ; p. 38, 8 v. Schl. ; LXXXI, 15 ; dazu: *qui l'avoir avoient aidie a waaignier* p. 64, 4 u.

3) Die Präposition lässt sich vom Inf. auch durch objektive Satzglieder trennen; dabei wird „neutrales *le*" (oder der Artikel) mit der Kasuspräposition kontrahiert, u. das persönl.

Fürwort erscheint in der betonten Form (Gr. 460, Kr. 23), z.
B.: *Seigneur, or penses du bien faire* p. 13, 7 u. *ains feres
grant sanlant de mi corre sus* p. 13, 10 etc.

4) Die Präposition *à* kann im Altfrz. unmittelbar vor dem
Inf. stehen, wenn dieser von einer anderen Präpos. abhängt
(Gr. 244, Z. V, 376) Wir haben nur B. dieses Gebrauches von
à nach *pour* anzuführen: *pour chestui a faire* p. 72, 10, u.
(statt *afaire*).

Tonloses Personalpronomen.

Das konjunktive Personalpronomen im Dat. od. Akk. ist an f.
Stellen (meist nach „*et*") enklitisch: *et disent leur* VI, 8 ; *Sire
que plaist vus.* p. 17, 10 ; *et fisent li tant de le pure honte* p.
21, 15: *et moult bien li pramisent a faire lui servige* LIII, 7;
mais donnaissent lui un terme LVIII, 5; *et aportoit li on les
cles encontre lui* p. 76, 17; *et manderent lui* CIV Schl.; *et don-
noient lui moult grans dons* CXIV, 9. — Ferner als Nomin.
beim Konjunktiv, der statt eines Imperativs gebraucht ist: *et bien
saches tu que* LIX Schl.; *et que bien seussent il qu'il estoit em-
peres* LXII ; *si kemanda que on warda moult bien les murs et
les tours et les hordast on si que* . . . LXIII. — Ebenso folgt
en oder *y* dem Verbum : *Se nous poiemes avoir raisnaule acoison
d'aler y* XVII, 4 ; ferner p. 20, 6 u.; XXXI, 6 ; p. 54, 9 ;
LXXV Schl.: p. 62, 11 u. ; LXXX Schl.; XCII, 9 ; XCVII Schl.;
CII Schl.; CXIII, 4 (vgl. hiezu die Bemerkung Gr. 473: „eine
freilich seltene Inklination"). — Wo das Ortsadverb *y* mit dem
Pronominaladverb *en* zusammentrifft, schliesst sich ersteres dem
Verb näher an, während *en* sich dem häufig vorangehenden
Quantitätsbegriff gleichsam attributivisch anschmiegt; daher die
Stellung: *en y* (vgl. Neufrz. Z. I, 332), z. B.: *asses en i troverent
et asses en prisent et asses en i remest* p. 64, 4. — Ferner
stimmt Rob. (wie auch noch Froiss., Z. V 356) mit dem alten
Sprachgebrauch darin überein, dass er die tonlosen Formen ge-
wöhnlich vor den bejahenden Imperativ stellt, wenn dieser von
einem Satzgliede eingeleitet wird: *Mais or vous en ales tot en-
sanle* p. 13, 6; *Or m'i menes dont* p. 27, 6; *Seigneur, or m'en-
tendes* p. 72, 2; *Or le prenons de par Dieu* p. 41, 7. — Aber
im uneingeleiteten Satze: *Sire Diex, conduis les a sauveté* XLVII,

7 v. Schl. — Dieselbe Stellung bleibt auch beim 2. Imperativ: *ales en Coust. et faites lor coroner* CI, 3 v. Schl.

Adverbium.

Die Adverbien gehören zu denjenigen Satzbestimmungen, welche im Nfrz. die grösste Beweglichkeit behauptet haben. In der älteren Sprache jedoch war ihre Verwendung und Anordnung im Satze eine viel freiere, was auch für u. T. noch teilweise zutrifft. — Dass die Adverbien der Zeit u. des Ortes sich mit Vorliebe an die Spitze des Satzes stellen, ist eine auch im Nfrz. regelmässige Erscheinung; sie treten alsdann als unwesentlicher Teil vor der Handlung des Satzes zurück, um dieser ganz allgemein eine nach Zeit oder Ort bestimmte Umgebung anzuweisen. Soll dagegen die Kontinuität der Handlung durch eine die Situation wesentlich ändernde Zeit- oder Ortsbestimmung unterbrochen werden, so tritt dieselbe womöglich an das Ende des Satzes nach dem von Weil (p. 22, 23) entwickelten Gesetze des Fortschreitens vom Bekannten zum Unbekannten. Sollen sie mehr das Prädikat als den ganzen Satz bestimmen, so treten sie regelmässig zum Verbum, u. zwar ohne wesentlichen Unterschied vor u. nach dasselbe. Hiebei ist ein spezieller, dem Nfrz. fremder Fall, dass sie zwischen Hilfsverb u. Partizip, oder auch zwischen Verbum fin. u. Infinitiv eingeschaltet werden (Nfrz. Z. I 332): *et pour coi il estoient la venu* XLI, 3; *com jou vous ai pardevant dit* LXIV, 3 ; *et soloient chu en ariere giuer par encantement* p. 70, 1 etc. — Die Modaladverbien *tant, trop, moult, plus, asses, si* haben sehr häufig das Bestreben, sich vor das Verb, u. mit diesem an die Spitze des Satzes zu stellen. Alsdann wird häufig ein vom Adverb abhängiger Begriff durch Verbum u. Subjekt von seinem Beziehungsworte getrennt (Kr. 30): *Et moult conquist chis prestres d'avoir* I, 12; *asses y eut peres* IX, 4; *qui si estoit bele et rike* p. 54, 21; *Et de chiax qui plus y fisent de proesches* p. 2 u. etc. — Auch bei *tout*: *qui tote ert sanente* XXII; *qui tote estoit enclose de mer* X, 7; *qui tot estoient esmari* XXII, 7.

Stellung der Satzglieder.

Inversion des Subjektes.

1) Unbedingte Inversion bei intransitiven Verben, welche im Altfrz. häufig ist, erscheint bei Rob. noch seltener als im Nfrz., weil er es liebt, solche Sätze durch *et* oder *si* einzuleiten. Wir finden nur: *Resaloit uns autres avant* p. 79, 1.

2) Dagegen ist die Inversion unbedingte Regel nach den koordinierenden Konjunktionen *si* u. *et si*: *Et si morut ausi maistres Foukes* II etc.

3) *Et* veranlasst nach Tobler (Z. III 145) keine Inversion; doch können wir die Inversion für diesen Fall bei Rob. mit vielen Beispielen belegen: *Et disoit on a cascun* CVII, 7 v. Schl.; *et atira on que* p. 76, 3; *et aportoit li on les cles, et venoient les prestres* p. 76, 18; *et le rechevoient et l'aouroient li Griu* p. 76, 19; *et disoit se feme* CI, 12; ferner: p. 74, 9; p. 74, 19; p. 75, 1; XCIV, 14; LXXXVI, 4 v. Schl.; p. 66, 21; LXXXI, 3; LXXXI, 12; LXXXI, 16; LXXXII, 6; LXXXII, 13; p. 60, 6 u.; p. 58, 3, 7; LXXIV, 7; p. 58 u.; LXX, 6; LXX, 7 LXXII, 3 v. Schl.; p. 60, 3; p. 54, 11 u.; p. 54, 5 u.; LXVIII, 7; LXIV, 9; LXII, 13; p. 44, 5, 7; LIII, 3 v. Schl.; LIV, 12; p. 42, 10; p. 42, 20; p. 38, 3; XLVI, 3; XLIV, 9; XV, 3. — Dazu: *ne n'avoit li empereur tant de pooir* p. 52, 8 u.: *ne n'i eut il des vis que dix* p. 46, 1.

4) Was die übrigen koordinierenden Konjunktionen betrifft, so findet, wie bei Froissart (Z. V, 344), einigemale Inversion statt nach *mais*, u. *ains*: *mais ne s'i pooit prendre li fus* LXXIV, 11; *ains i voloit tous jours metre li marchis chiax que*... XCIV, 12; *ains le metoit on tantost en un moustier* p. 72, 2 u.— Mit invertiertem Subjektssatze: *ains s'en ala qui aler s'en vaut* LXXX Schl.

5) Nach Adverbien, welche den Satz einleiten, wird das Subjekt gewöhnlich invertiert. Nur *onques* macht manchmal eine Ausnahme, für den Fall, dass das Subjekt des Satzes ein Substantiv ist: *onques nus traitres tant n'en fist* p. 15, 4 u.; *onques si biaus estoires ne si rikes ne fu veus* XIII Schl.; ferner: p. 9, 7 u.; p. 54, 12; p. 57, 5. — Dagegen: *Onques mais*

n'eustes vus si boin empereur LXXI, 3 v. Schl;; *ne onques ne vit on gens plus rikement aler* XIX, 7.

6) Im nachstehenden Hauptsatze kann Inversion des Subjektes eintreten, auch wenn derselbe nicht durch ein Adverbium eingeleitet ist. (Beisp. bei Kr. 38, e, was Marx Frz. St. I 341 entgangen zu sein scheint): *Car si tost comme co message eurent fait convent a mi et a me gent, kemandai jou* p. 8, 3 ; *et s'il y aloient, n'i feroient il nient* p. 12, 2; *Et entrementiers que Alexes fist chele chevauchie, firent chil de Coust. leur mur refaire* LVII, 14 ; ferner: LXVI, 18 ; p. 71, 12 ; p. 76, 12 ; LXXX, 3 v. Schl.; p. 46, 2.

7. Ist das invertierte Subjekt ein Substantiv, so lässt es sich, wie allgemein im 13. s. durch andere Satzglieder vom Verbum trennen (Kr. 38): *Et fu si grans chele meslee* XV, 3; *tant ala a mont et a val li cris* XXII, 13; *Si fu moult preudons chis empereres* XVIII, 4 etc.

8) Die Unterlassung der Inversion ist bemerkenswert in f. Relativ- u. Adverbialsätzen der Ortsbestimmung (Kr. 40): *et s'en ala a Nike le grant qui une boine chites est* LXXIX Schl.; *si s'en entra par nuit en le cambre, ou ses sires li empereur qui le geta de prison se dormoit* LXII, 2 ; *la ou Troies le grant sist* XL, 5; *ou li sydoines la ou nostres sires fu envelopes i estoit* p, 71, 17.

9) Im altepischen Stile wurde das Personalpronomen öfter dem Subjekte pleonastisch unmittelbar beigefügt (Gr. 63, 9). Eine hiemit ganz identische Erscheinung (vgl. auch die pleon. Voranstell. u. Wiederh. d. Objektes, Gr. 462) zeigt sich in u. T. an f. Beispielen, in denen durch das Auftreten des Adverbs si Inversion des Subj.-Pronomens veranlasst wird. (Einer ähnlichen Erscheinung werden wie bei der Stellung der Sätze begegnen, p. 52): *Alexes ses freres si vient il en le forest* XXVIII, 2 ; *Li Yvernas si se fiert il des esperons* p. 25, 16; *Li marchis si met il a le roie* p. 25, 10; *Li uns de II chevaliers si se prent il a pies* p. 59, 11. — Aehnlich: *Or savoient il bien chil de Jadres que chil de Venice les haoient* XIV, 10. — Hier mag auch ein auf Gr. 462, u. 380 bezügliches Beispiel Platz finden: *Chelui qui fu pris, on li fist crever les iex* p. 26, 11. — Anm.: Auf derselben Wiederaufnahme des Subjektes durch ein Pronomen beruht auch die heutige frz. Fragekonstruktion.

Prädikative Bestimmung des Subjektes.

1) Von der Stellung: Subjekt, Prädikat, Verb scheint die altfrz. Prosa in Hauptsätzen nur selten Gebrauch gemacht zu haben (Kr. 35, Z. V, 352, Frz. St. I, 346). Wir finden nur: *et chiaus que nous avons chi nommes, li plus rike homme estoient* p. 2, 4 u. — Dagegen ist diese Stellung im Relativsatze sehr häufig: p. 76, 6 ; LXXIX Schl.; LXXVII, XC ; XCIV etc.

2) Die Stellung: Verb, Präd., Subj. (es gehen immer Inversion bedingende Satzglieder voraus), die sich in den Texten Krügers häufig (Kr. 45), bei Joinville nur einmal findet (Frz. St. I, 346), ist in u. T. nur mehr durch f. Beispiele vertreten: *Et fu si grans chele meslee* XV, 3; *Si fu moult prendons chis empereres* XVIII, 4. — Mit dem Partizip: *Si fu perdus li empereres que* . . CXII.

3) Die Stellung: Verb, Subj., Präd. ist, ebenfalls bei bedingter Inversion, in u. T. sehr häufig: *et estoit chus palles moult rikes* p. 74, 9 ; p. 74, 19 ; p. 66, 21 ; LLXXII, 6 ; LXXXII, 13 ; p. 58, u. LXX, 7 ; LXIV, 9 ; p. 44, 7. — *si fu la desconfiture grans* CXII ; CXIII, 2 ; CXIV, 4 ; p. 76, 25 etc. — Mit präd. Partizip: *Si s'en fu li estores ales en l'isle de Corfaut* XXXI, 4 etc.

4) Selten tritt dies Präd. an die Spitze des Satzes: *com fais il estoit* LXXX, 21.

Objekt und Verbum.

1) Die Stellung: Objekt, Verb, Subj. (Kr. 47, Fr. St. I, 347) begegnet auch in u. T. sehr häufig; dagegen kommt die Stellung: Obj. Subj. Verb bei Rob. nicht vor, weil vorangestelltes Obj. stets Inversion verlangt.

2) Die Stellung: Subj., Obj., Verb (Kr. 47), die sich bei Joinv. nur mehr im Relativsatze findet (Fr. St. I, 348), wird ausserhalb des Relativsatzes auch in u. T. schon sehr selten: *et qu'il a femme forche ne feroient* LXVIII, 6 v. Schl.; *que onques nus traitres tant n'en fist* p. 15, 5 u.; *et estoient les pierres si grans que uns hons n'en peust mie une lever de se tere* LXXIV, 16.

3) Bei der (sehr beliebten) Stellung: Verb. Subj. (Nomen), Objekt (Nomen) findet sich einmal Subj. u. Obj. direkt neben

einander, u. nur durch ein Pronomen getrennt (vgl. Frz. St. I, 349): *Adonques si fist atorner Burus li rois se fille moust rikement* CXVII, 1.

Prädikative Bestimmung des Objektes.

Dieselbe kann an die Spitze des Satzes treten, wo sie dann Inversion des Subjektes bewirkt: *Le Blanche l'apeloit on* CIII, 3; *Andernople avoit a non chele chites* CXII, 2.

Stellung der Sätze.

1) Einschaltung des Hauptsatzes in den Nebensatz (Gr. 475; Kr. 60) liegt vor in f. B.: *Et chil qui avoit le noiel an brief, si convenoit qu'il alast en l'estoire* XI.

2) Zu dem seltenen Fall, dass ein wesentlicher Teil des Nebensatzes zwischen den Hauptsatz u. die Konjunktion tritt (Kr. 60), haben wir f. Beleg zu verzeichnen: *tant que les noureles a l'empereur vinrent Androine le traiteur, que chis estoit si faitement revenus en le vile* p. 16, r. 2.

Anm. Die in diesem B. auftretende Redefigur kann als eine Art Antizipation oder Attraktion betrachtet werden, die im Afz. häufig war (Gr. 391), u. auch in u. T. (desgl. bei Villeb., Krollik 11) noch öfter in der Form angetroffen wird, dass das Subjekt des Nebensatzes zum Objekt des regierenden Verbs des Hauptsatzes gemacht wird. Die Zeitwörter, welche eine solche Konstruktion am öftesten veranlassen, scheinen *convenir* (s ob.) u. *mander* zu sein: *Si manda on tout les barons croisies, qu'il venissent tot a Corbie* VIII, 2; ebenso IX, 1; XXI, 4; p. 20, 25. — Ferner: *si vus dirons de chu valet et de l'empereur Kyrsaac sen pere, comment il vinrent avant* XVIII, 2; XXIX, 5; XVIII, 2; LXXXV, 1. — *si demanderent de le sereur le roi de Franche, se ele vivoit encore* LIII, 1; XXIX, 6 etc.

3) Häufig treten in u. T. Temporalsätze zwischen das abolut vorangestellte Subjekt u. das Prädikat, wobei jedoch eine Wiederaufnahme des Subjektes durch ein Subjektspronomen niemals statt findet (vgl. dagegen die Beisp. bei Haase 22 ob.), sondern dafür das Prädikat mit „*si*" eingeführt wird: *Chil de le chite de Jadres quant il virrent ches nes et ches graus estoires venir,*

si eurent moult grant peur XIV, 2; *et li rois quant il fu escapes de prison, si s'en vint a Sur* p. 27, 11; *Li baron quant il oirent chu, si se consellierent* LIX, 10.

4) Vereinigung mehrerer Nebensätze in einer Periode.

a) Der untergeordnete Nebensatz wird dem übergeordneten vorangesetzt, eine Stellung, die im Nfrz. seltener, im Afz. aber häufiger vorkommt (Mätzn. S. II § 572):

Miex nous vient il anchois que nous y aillons, que nous conquestons viande XXXXIII, 12; *Or i estoit avenu devant chou que le tere fust perdue, que li rois des J. fu mors* p. 26, 9; ebenso: p. 46, 5; p. 84, 7.

b) Wenn der untergeordnete Nebensatz dem ihm übergeordneten eingeschaltet ist, so kommt die Einfügung des ersteren oft unmittelbar nach der Konjunktion (meist *que*) des übergeordneten vor. Die Konjunktion que wird hier bei Rob. in der Regel wiederholt (gegen Gr. 342, Anm.); vgl. latein. *ut*, Mätzn. S. II, 8). — Der eingefügte Satz ist

α) ein Bedingungssatz, ein noch im Nfrz. häufiger Fall: *Et li Griu li respondirent que s'il ne le couronoit qu'il li couperoient le teste* p. 18, 10; ferner: XII, 14 ; p. 27, 4, 27 ; LIX, 8 ; LXI Schl.; p. 50, 4 u. ; XCIX Schl.; LXIV, 4 ; LXVIII, 7 ; p. 62, 4 u.; CVI, 9 ; CIV, 2. — Ohne Wiederholung des *que*: p. 12, 1 ; XLVIII, 3 ; p. 42, 27 LVIII Schl ; p. 8, 4 u.

β) ein Temporalsatz: *si dist que quant il mut de sen pais, qu'il i eut bien LX hommes avec lui* p. 45, 2 u.; ebenso: p. 72, 3 ; p. 72, 4 u.; LXIV, 10. — Que nicht wiederholt: p. 21, 15 ; LXXXVIII, 2 ; CIV, 10.

γ) ein Relativsatz: *Si avoient pourcachie unes letres de Rome, que trestout chil qui les werieroient, qu'il fussent eskemenie* XIV, 12 ; ebenso: p. 13, 2. — Ohne Wiederholung des *que*: *si que li marchis qui estoit sires de l'ost eut l'arriere warde* p. 39, 6 ; ebenso: XMVI, 16 ; LXVII, 8 ; p. 85, 13 ; p. 68, u. ; XCVIII, 6. — Que nicht wiederholt, dafür das Prädikat mit „si" eingeführt: *tant que uns hons d'age qui le seut, si en eut pitie du marchis* p. 26, 1 ; p. 7, 5 u.; p. 66. — Das Subjekt wird durch *il* wieder aufgenommen: *Quant li marchis eut dit as pelerins que qui aroit chel enfant, il aroit boine acoison d'aler en Coust.* XXX, 1.

d) ein verkürzter Konzessivsatz: *et tant que maugre sen frere vausist ou ne degnast, que li clers i entra* LXXVI, 6. — Hieher auch: *si que pour peu qu'il ne les ochisent* p. 79, 3. — Ohne Wiederholung des *que*: *Et desfendi on bien que pour nul besoing que eles eussent, les autres IIII ne se meussent de si* XLVI, 3.

5) **Unvollständige Verschmelzung** mehrerer **Sätze**, die Subjekt oder Verb mit einander gemein hatten, u. wobei von der Wiederholung der gemeinschaftlichen Satzglieder abgesehen wurde, bewirkte oft **Isolierung** einzelner Satzteile (Frz. St. 347). Wenn auch eine zu ausgedehnte Anwendung dieser auch in den klassischen Sprachen beliebten Figur (**Hyperbaton**) verwirrende Häufungen hervorrufen kann (Frz. St. I, 357), so ist dieselbe doch in vielen Fällen als ein wirksames Mittel zu betrachten, einem Satzglied durch die Stellung besondern Nachdruck zu verleihen. Das isolierte Satzglied ist

a) ein Substantiv im Nom. oder Akk. z. B. *si prisent conseil entr'aus de qu'il feroient chivetaine d'aus et seigneur* II, 3 ; III, 4. Ebenso: III, 1 ; p. 10, 5 ; XVII, 4 ; p. 22, 3 ; XXXI, 13 ; XXXIII, 1 XLIV, 5 ; LII u. ; LVIII, 3 LXI, 2 ; LXXVI, 13 ; CXII, 7 ; CXVII, 1. — Hiebei kann das Subjekt oder Objekt auch durch das persönliche Fürwort (Pronominaladverb) vertreten sein, z. B.: *si s'en merveillerent moult et de le grant riqueche* X, 3.

b) ein Nomen von einer Präposition abhängig: *Seigneur, sachies que je ne le lairoie a nul fuer, que je ne m'en renjaisse d'aus, ne pour l'apostoile* p. 11, 3 ; *qu'ele venist au couronnement sen fil et a se feste* p. 15, 1.

c) eine adjektivische Bestimmung (s. Mätzn. Gr. §. 539): p. 1 u. ; p. 2, 5, 22 ; p. 1, 6 ; XVII, 4 ; p. 21, 3 ; p. 37, 4 u.

d) ein Verbum: *pour plus vivre longement et pener* p. 20, 4 u. ; p. 38, 11 ; p. 22, 5.

e) ein Substantiv und ein Verbum, so dass eine doppelte Verkettung entsteht: *Si font il armer une galie et fisent prendre l'ansconne et lever bien haut en le galie et l'enseigne de l'empire* p. 59, 1 ; *si s'atornerent moult bien tot li pelerin et s'armerent et li Venicien* LXXIV, 4.

Anm.: Manchmal sind zu die koordinierenden Begriffe **nicht** homogen, so dass z. B. a) einem pers. Fürwort, b) einem Substantiv ein Gegenstandssatz gegenübersteht:

ad a) *Quant Kyrsaacs fu corones, si en alerent les nouveles tant a mont et a val que Androines le seut, et qu'il avoit sen balliu ochis* p. 18, 7 v. Schl. — ad b) *et il li avoient tot jure feeute et seur sains qu'il se tenroient du tout a lui comme a leur seigneur* p. 27, 15 ; ebenso CV, 5 ; II, 7. — Ueber ähnliche Hyperbate im Nfrz. s. Matzn. Gr. p. 549.

Dritter Teil.

I. Wiederholung und Auslassung gewisser Form- oder Bestimmungswörter.

1) Das persönliche als Subjekt gebrauchte Fürwort wird dem Sprachgebrauch des XIII. s. entsprechend auch in u. T. nach den unterordnenden Konjunktionen stets wiederholt. Wir finden nur f. Ausnahme: *si que li empereres en fu blasmes pour chou que n'i apela mie tous les haus barons* CX, 3. — Dagegen findet nach den beiordnenden Konjunktionen *et, ne, on, mais*, in der Regel keine Wiederholung desselben statt (Klatt, 5). Ausnahmen zu letzterer Regel werden von Kl. als selten bezeichnet; wir haben jedoch f. zahlreiche B. zu verzeichnen:

et si vus mesrons L galies a no coust, et de chu jour en un an, nous vous mesrons en quele tere que vous vaurres p. 6, 4 ; *Et li message respondirent qu'il envoiast messages avec aus en Franche, et il leur feroient volentiers paier les XXVM mars* p. 6, 3 u.; *Quant li pelerin furent tot asanle en Venice et il virent le rike navie* X, 1 ; p. 10, 4 ; p. 12, 1 ; p. 24, 7 u. (*ne*); p. 6, 39 ; *Et respondi qu'il les tenroit bien, mais il voloit anchois etre corones* LVI, 2; *qu'il n'iroit plus avec lui, ne il plus ne se tenroit a lui* p 76, Schl. — In allen diesen Beispielen, bis auf das erste, sowie in der Mehrzahl der von Kl. 5 Absatz 3 angeführten, sind Nebensätze einander beigordnet, d. h. es ist nach der beiordnenden Konjunktion jedesmal noch eine unterordnende (*que*) zu ergänzen, nach welcher ja unserer Hauptregel gemäss das Fürwort zu wiederholen ist. Die wirklichen Ausnahmen reduzieren sich alsdann nur mehr auf ganz wenige Fälle.

Hinter kopulativem „*si*" wird das pers. Fürw. als Subjekt in den Texten Klatts fast ausnahmslos nicht wiederholt. Diese Regel findet sich auch in u. T. bestätigt: *Quant il eut che fait, si prist II grandesmes pierres, si leur fist lier as cous, et puis si les fist geter en le mer* XXI, 14 etc. — Jedoch begegnen wir nicht selten, besonders bei lebhafter Rede, ebensoviel Ausnahmen, in denen alsdann Jnversion eintritt: *Quant il fu corones, si fait il prendre trestout chiax . . . ; si leur fait il crever les iex* XXI, 17 ; *Si prent il s'espee, si la met il sous sen surcot, si s'en ist hors de le maison, si vient il devant le balliu, se li dist.* p. 17. 7. Ferner XXI Schl. ; p. 17, 3 u. ; p. 17, 3 ; p. 19, 2 ; p. 20, 5, 14 ; p, 21, 7 ; XXVIII, 2 ; XXXIII, 16, 18, 19, 25 ; p. 26, 7, 5 u.; p. 39, 10 etc.

2) Dem Afz. war in zusammengezogenen beigeordneten Sätzen die Nicht-Wiederholung des pers. Fürw. als Objekt selbst in der Prosa keineswegs fremd. (Matzn. S. II, 33). Dies gilt auch für Rob.: *si li disent qu'il li mandoient et prioient* p. 4, 4 ; *si le debrocoient et depicoient et feroient* p. 21, 11; *les gens de l'empire le renommoient trop et redoutoient* p. 22, 5; ferner: p. 15, 8 ; p. 37, u.; p. 41, 10 ; CVI, 16 ; XL, 6 ; p. 18, 10 ; XI, 3 ; p. 40, 3. — Nicht ebenso häufig findet jedoch Wiederholung vor jedem einzelnen Verbum statt (a), meist nur, wenn die beiden Verba noch durch weitere Satzglieder, besonders durch das Adverb *si*, getrennt sind:

a) Nur: *et le rechevoient et l'aouroient* p. 76, 26.

b) *si s'aresterent enson le tertre tout coi et se mervellierent* p. 42, 19 ; *La si l'alerent veir li baron et si le saluerent* LIII, 6; *si le beneirent et si le prinsennierent* XCVI Schl. ; p. 9, 1 ; ebenso mit *en*: p. 64, 4 ; XXVII, 1 etc.

Das von einer Präposition abhängige absolute Fürwort wird beim zweiten Verbum durch das entsprechende konjunktive Fürwort wieder aufgenommen: *si parla a lui et si li dist* p. 48, 6 u.

Das neutrale *le* statt eines nicht mehr deutlich empfundenen Objektes (Lück. Gr. §. 209. c.) kommt in u. T. so nur bei *faire* u. *esmovoir* vor: *faisons le bien* XIII ; p. 18, 3, 8 ; XI ; LXXVII; *ai je le bien fait* LXXX Schl. *ai je bien fait.* — *et demenerent si grant goie a l'esmovoir* XIII ; p. 10, 3. — Aber: *vous ne faites mie bien* p. 18, 8 ; *Et li clers dist que si feroit* LXXVI, 4 ; XLIX, 7 ; XLVII p. 40 ; *si ne fait mais el* (oft).

3) Was die adjekt. Possessivpronomina betrifft, so ist die Wiederholung derselben vor jedem Substantiv erforderlich (Kl. 11): *me tere et me seignourie* p. 44, 26 ; *ses nes et ses galies et ses vissiers* XLIII, 5 etc. Mit einer Präposition: *s'il voloient de sen or et de sen argent* XLI, 3, 6 etc. — Nur in f. B. werden die beiden Substantive zu einem Gesammtbegriff zusammengefasst: *si akeut a faire sonner ses buisines et timbres* p. 57, 12.

4) Die attributiven Demonstrativa: *chel grant navie et chel grant estore* XLII, 1 ; XIV, 3 ; p. 17, 4. u.

5) Der bestimmte Artikel: *Li baron et li haut home* XIII, 10 ; XIV, 1 etc. Mit Präpositionen: *les sons des buisines et des tabors* XLII, 2 etc. In: *a haches et as espees* p. 59, 5 ist der Artikel wohl zur Vermeidung des Hiatus eingeschoben. — Mit mehreren Adjektiven: *li biax chevaliers et li preus, el li vaillans* p. 2, 5 p. 2, 22 ; p. 3, 4 ; CIII, 2 etc. (Matzn. S. I 504). Daher ist in XIII, 4 v. Schl. vor „*grant estoire*" *le* einzusetzen.

6) Die übrigen adjekt. Fürwörter (a), sowie die qualifikativen Adjektiva im Positiv, Komp., u. Superl. (b):

a) *de quel mort ne quel tormente* p. 20, 2 u.; *nus traitres ne nous mordrissierres* p. 15, 3 u. ; *et autres clers et autres abes* p. 2, 1 ; *en tous commans y en tous besoins* p. 1, 4 u. ; *tout li pelerin et tout li Venicien* XV Schl. — Doch auch: *tous les prestres et les clers* p. 9, 6 u. ; *toutes le mers et le tere* XLII, 5 ; *tout li conte et li haut baron* II, 1.

b) *si fais goie ne si fais estoires* XIII, 22 ; XIII, 7 v. Schl.; XLV, 3 v. Schl. ; p. 42, 27. — *greigneur paine et greigneur consel* p. 31, 1. — *le plus orde beste et le plus foireuse et le plus laide du siecle* p. 21, 2 ; XLVII, 1 etc.

Anm.: Mit dem Adjektiv kann auch das dazu gehörige Substantiv wiederholt werden: *les grans mons de besans et les grans mons de pierres prechieuses* XCI, Schl. ; CVII, 9 ; XIX Schl. ; LXXX, 9 ; p. 42, 6. Diese Wiederholung des Subst. unterbleibt jedoch regelmässig bei attributivem „*autre*": *et montoient les batalles l'empereur d'une part et les noes d'autre* p. 42, 10. (So noch im Nfrz.); XXV Schl. ; XIV Schl. ; LXVIII, 12 ; XXXII, 3 ; CVI, 17 ; LXXXI, 14.

Ausnahme: *et tenoit en se main sen septre et en l'autre main une pume d'or* XCVII, 2.

7) Wie das Adverb *plus* (Nr. 6) werden auch andere Adverbien der Quantität oder Intensität vor jedem Adjektiv wiederholt (a). Eine Ausnahme (b) tritt regelmässig dann ein, wenn das Adverb an die Spitze des Satzes gestellt, u. von seinem Adjektiv durch das Verb des Prädikats getrennt wird. In diesem Falle ist es so sehr durch seine Stellung betont, dass eine Wiederholung überflüssig scheint:

a) *si en furent moult dolent et moult corchie et moult esmari* III, 3 ; I, 8 ; p. 2, 1 ; XIII, 8, 22 .; p. 64, 16 etc.

b) *qui moult estoit malvais hons et traitres* p. 16, 7 ; *qui si estoit longe et lee* p. 35, 6 ; ferner LXXXII, 8 ; p. 62, 12, 26.— Jedoch wird bei verschiedenen Prädikaten auch in diesem Falle das Adverb wiederholt: *qui moult estoient haut homme et moult y alerent rikement* XIX, 9 ; p. 3, 13 ; XC, 16.

8) Bezüglich der Wiederholung u. Auslassung des Relativpronomens befindet sich die Prosa des XIII. s., somit auch Rob., in Uebereinstimmung mit dem neufrz. Gebrauche; demnach ist „in Relativsätzen, welche durch beiordnende Partikeln verknüpft sind, die Wiederholung des Relativum nicht erforderlich (a), obwohl sie sich häufig findet; in asyndetisch beigeordneten Relativsätzen (b) dagegen ist die Wiederholung des Relativum notwendig" (Mätzn. S. II, 251 ; Kl. 13):

a) *qui moult estoient haut home et moult y alerent rikement* XIX, 6 ; LIV, 3 ; LXXXII, 5 ; p. 66, 20 ; p. 74, 6 ; XLIII Schl. (trotz Wiederh. d. Verbum); p. 44, 17. — In f. Sätzen ist das Rel. pron. nach der beiordnenden Konjunktion wiederholt: *chil qui les werieroient ou qui leur feroient nul damage* XIV, 12 ; XII, 15 ; p. 44, 25 ; LXV, 2 ; LXXVI, 3 ; XCVIII, 7 ; p. 84, 15 ; CXX, 3. — Nach *ains* findet nie Wiederholung statt: *Or y eut il aucuns qui ne s'acorderent mie a aler en C., ains disoient* XXXIII, 5 ; p. 25, 5.

b) In asyndetisch beigeordneten Sätzen ist die Wiederholung des Relativpronomens zur Vermittlung der Verbalbegriffe beider Sätze notwendig, die ja in u. T. nie absolut an die Spitze eines Satzes treten können. (s. p. 49): *si se consellierent entr'aus qu'il s'iroient logier en l'isle Saint Nicholai qui tote estoit enclose de mer, qui estoit a une liwe de Venice* X, 6. Ferner: XVIII, 6 ; p. 26, 27 ; XXII, 6 ; p. 36, 4 u. ; XLVII, 1 ; p. 41, 3 ; CVI, 20 ; LXVI, 14.

Die Präpositionen sind vor jedem einzelnen Substantiv oder Infinitiv zu wiederholen (Kl. 15): *nous serons mais tous jours tenu pour malvais et pour trikeeur* XII, 13 ; p. 13, 10 ; p. 59, 18 ; p. 10, 2 u. XVI, 4 ; XLIX, 3 ; p. 52, 18 ; p. 13, 8 u. ; p. 58, 4 etc. — Dasselbe gilt von Kasuspräpositionen: *a mi et a me gent* p. 8, 3 ; p. 2, 6 u. ; XI Schl. ; XIII, 15 ; XIV, 7 ; p. 9, 3 u. XXVI, 8 ; p. 52, 10 ; XIX Schl. XXII ; XXXVI, 16 etc.

Nicht wiederholt wird die Präposition ausnahmsweise vor einem zweiten koordinierten Infinitiv, welcher

a) das Objekt des ersten Inf. zum Objekt hat: *pour lui prendre et destruire* XXII, 8 v. Schl.

b) ein vom ersten verschiedenes Objekt besitzt: *bien li pooient aidier a sen droit conquerre et de ses enemis vengier* p. 34, 3 (um das Zusammentreffen von *à* u. *de* zu vermeiden.

c) ohne Objekt ist: *que on le boulist en une caudiere pour plus vivre longement et pener* p. 20, 4. .

Weitere B. für die Nichtwiederholung der Präposition sind: *tant qu'il ne se peurent acorder entr'aus, de quel mort ne quel tormente il le puissent destruire* p. 20, 2 u. ; *et tant de tymbres et taboures et autres estrumens* p. 10, 3 ; *a moult grant goie et moult grant feste* p. 54, 15.

Endlich ist die Wiederholung einiger Präpositionen ihrer natürlichen Bedeutung entsprechend, nicht zulässig. Hieher gehören *entre* (Kl. 18), aber auch *fors* u. *entor*: *je donrai congie a tous chiaus de le loi de Romme, qui entor mi et me pooste sont* p. 12, 4 u. ; *fors une mule et un vaslet* p. 16, 18 ; *fors Sur et Escalonne* p. 26, 12 ; p. 27, 2.

Vor der Apposition scheint in u. T. die Fortlassung der Präp. die Regel zu sein (vgl. Matzn. S. I, 503): *que uns prestres estoit de Nueilli, une paroisse qui est en l'evesquie de Paris* I, 6; *si manda a Phelippon, le roi de Franche* XIX, 4. — Wird die Apposition mit *comme* angefügt, so muss die Präp. wiederholt werden: *et il li avoient tot jëure qu'il se tenroient du tot a lui comme a leur seigneur* p. 27, 15 ; *et qu'il venissent en le chite et u palais comme u leur* p. 43, 4 u.

10) Die einfache Konjunktion *que* wird in einer aus mehreren asyndetisch aneinander gereihten Nebensätzen bestehenden Periode (wie das Relat. s. o.) vor jedem einzelnen Nebensatze wiederholt.

In mehreren der hiehergehörigen Beispiele wird dem Hauptverbum zugleich der Begriff des Sagens u. des Wollens beigelegt, wodurch eine Art Zeugma entsteht (vgl. Mätzn. S. II §§. 336, 388): *Quant li dux de Venice eut si faitement parle, apres si dist as barons qu'il esleussent les leur X, qu'il aroit moult tot eslit les siens X* (XCIV, 4); ferner XXX, 12 ; LVII, 20 ; LIX, 5 ; p. 26, 10 ; p. 27, 9.

Sind die Nebensätze durch beiordnende Konjunktionen verbunden, so wiederholt sich wie im Nfrz., in der Regel die einfache Konjunktion *que* (Mätzn.. S. II § 318): *Apres avint que li pelerin et li Venicien eurent leur nes et leur engiens atornes et qu'il s'apareilloient d'assalir* LXX, 1 ; p. 55, 4 u. ; LXVIII, 13 ; p. 59, 17, 18 ; LXXVI, 12 ; CI, 6 u. ; CIII ; CIV, 7 Schl. ; CV, 2 ; CXII, 4 ; CXV, 3 ; p. 84, 7 ; p. 11, 7 ; p. 18 u. ; XCIII, 3 ; XCVIII, 11 ; p. 26, 10 etc. — Häufig jedoch findet Zusammenziehung in der Weise statt, dass bei gleichem Subjekte das Subjekt des zweiten Nebensatzes mit der Konjunktion wegfällt: *Si respondi as messages qu'il s'en conseilleroit et lendemain leur lairoit savoir* p. 4, 7 ; p. 8, 10 ; XXXIII, 22 ; LXXXI, 14 ; LVII, 5 ; CIII Schl. ; CIV, 4. — Hieran schliessen sich noch Fälle, in denen das gleiche Subjekt (invertiert oder nicht) wiederholt, dagegen die Konjunktion *que* nicht wiederholt wird: *si kemandu que on wardast moult bien les murs et les tours et les hordast on* LXIII ; ebenso LIX, 8 : p. 52, 4 u (vgl. dazu: *et que bien seussent il* KXII, 17); LXVIII, 10, 12 ; p. 45, 3 u.; XXXIII, 28. — *car bien seust il, qu'il n'iroit plus avec lui, ne il plus ne se tenroit a lui* XCIX Schl.

„Die Nichtwiederholung des *que* ist um so auffallender, wenn das Subjekt der Sätze wechselt" (Mätzn. S. II, 12). In u. T. u. selbst noch bei Froissart (Z. V) finden sich mehrere Beispiele solcher Perioden, In denen Nebensätze die Form von Hauptsätzen annehmen: *Et li message respondirent, qu'il envoiast message avec aus en Franche, et il leur feroient volentiers paier les XXVM mars* VI, Schl. ; p. 25, 1 ; p. 27, 15, CXVI, 1.

Anm.: Manchmal sind die durch *que* eingeleiteten, einander beigeordneten Nebensätze nicht direkt aneinander gereiht, sondern durch einen mit *car* eingeführten Kausalsatz getrennt, der als parenthetisch eingeschobener Hauptsatz, oder vielleicht als kausaler Nebensatz betrachtet werden kann, in welchem *car* die

Bedeutung von lat. *quod* hat (vgl. Matzn. S. II, 81): *si respondirent au soudan qu'il ne pooient mie faire chou qu'il leur requeroit; car il avoient encore leur convenanches a avoir de l'empereur, et que che seroit un perix de later* . . p. 44. — p. 58, 1 ; p. 72, 4 (nach *car* ist *je voel* zu ergänzen); p. 76, 11 (der 2. Nebensatz ohne *que*, dafür Inversion).

Wenn zwei oder mehrere Nebensätze zu einander in adversativem Verhältnisse stehen, so wird auch hier im allg. *que* wiederholt (a); bei gleichem Subjekte geschieht jedoch die Verknüpfung dieser Nebensätze meist nur durch die den Gegensatz oder die Höherstellung ausdrückenden adversativen Konjunktionen (*mais, ains*), während die unterordnende Konj., sowie fast immer das Subjekt, nicht wiederholt wird (b). (s. ob.): a) *Quant li baron et li chevalier de l'ost oirent chou, si respondirent que che ne valoit riens, mais que totes heures donnerent il triwes le marchis* CV, 1. — b) *Et li vesque respondirent que che n'estoit mie pechies, ains estoit grans aumosnes* p. 33 ; LXXII Schl. ; XLI, 4 ; LXVI, 3 ; LXXVI, 6 u. ; XII, 6 ; p. 41, 13 ; XII, 9 ; XCIX Schl. ; VII ; p. 8, 5. — *Et respondi qu'il les tenroit bien, mais il voloit anchois estre corones* LVI, 2.

(Weiteres über die Wiederh. des einfachen *que* s. unter „Stell. d. Sätze" Nr. 4).

11) Wenn die unterordnende Konjunktion des ersten Nebensatzes mit *que* zusammengesetzt ist, so wird, wie im Nfrz. bei syndetischen Sätzen nur *que* wiederholt (a), selten die ganze Konjunktion (b) (Matzn. S. II, 12):

a) *se y sejournerent un peu, tant qu'il furent bien rafreski et qu'il eurent acate des nouveles viandes* p. 10, 10 ; XXI. 11 ; p. 65, 5 ; p. 79, 3 ; CXVI, 3 ; LXIV, 13 ; p. 52, 3 ; XVIII, 10 ; LXXXIX, 3 ; CVII, 9.

b) *et chis refu aussi moult lies de chou que ses freres fu empereres, et de chou qu'il avoit conquis l'empire* p. 22, 1 ; XXVII Schl. ; LXV, 4. — Asyndetisch: XXI, 10. Nur ganz selten wird bei Rob. die ganze Konjunktion ausgelassen (öfters bei Froiss. Z. V, 363): *tant que chis monta un jour seur un cheval, et prist asses gent avec lui* p. 16, 25 ; XXI, 10 ; LIX, 3.

12) Die Konjunktionen *comme, quand* u. *si* werden im Nfrz. in der Regel durch *que* ersetzt, oder auch wiederholt (Matzn.

S. II, 14). Letzteres auch bei Rob.; dagegen kennt derselbe jene Vertretung durch que noch nicht. Häufiger wird *se*, und besonders das gewönliche *quant* ganz auslassen:

si wiederholt: XXXII, 4 ; p. 44, 28.
quant „ : p. 62, 9.
si ausgelassen: XLVII, 24 ; p. 50, 8 ; p. 63, 2.*)
si comme „ : p. 25, 11 ; CVI, 14.
quant „ : X, 1 ; p. 10, 4 ; XLIII, 9 ; XLII, 1 ; p. 25, 30; p. 23, 2 ; LXXII, 3 ; LXXIV, 8 ; LXXV, 1, 5; LXXXIX, 5 ; CVII, 1.
Bei verschiedenen Subj.: p. 10, 2 u. ; XLIII, 16 ; p. 42, 11 ; p. 25, 7 etc.

II. Stellvertretung und Auslassung einzelner Satzglieder (vgl. Z. V 365 ff.).

1) Im Afz. konnte das zwei Sätzen gemeinsame **nominale Objekt** im 2. Satze fehlen, ohne dass dafür ein zurückweisendes Pronomen eintrat: *Et si dist que on li faisoit une crois enmi le front d'un caut fer ausi comme il avoit* LIV, 2 Schl. ; p. 69, 2 ; XXXVI Schl.; p. 75, 15 ; XIII Schl. ; XLVIII Schl. ; LXXV, 18 etc. — Oft wiederholt Rob. in solchen Fällen die ganze Aussage, u. gibt dadurch seinem Streben nach Anschaulichkeit u. epischer Breite Ausdruck: *Or avint que li Franchois eurent si faitement ouvre que li soudaus d'Icoine oi dire que si faitement avoient fait li Franchois* p. 44, 14 ; *et estoit chele capele si rike et si noble, que on ne vus porroit mie aconter le grant nobleche de chele capele* LXXXII, 14. Ebenso: CVI, 14 ; p. 66, 18 ; LXXXVII, 4. — Mit pleonastischem *le*: LXXXV, 19 ; p. 66, 21.

2) „Ein **attributives Adjektiv** kann afz. ein im vorangehenden Satze ausgesprochenes Substantiv, zu dessen Wiederholung es Attribut ist, zugleich vertreten, ohne dass wie heute durch ein *en* auf jenes zurückgewiesen zu werden braucht"

In allen diesen B. ist das Subjekt in beiden Nebensätzen dasselbe, u. (mit Ausnahme von p. 23, 2) unter der Form des pers. Fürwort wiederholt.

(Z. II 556): *S'il eurent grant goie et grant feste demenee par devant, encore demenerent il adonques ausi grant ou greigneur* p. 10, 12.

3) Eine **prädikative Bestimmung des Subjektes** kann aus dem vorhergehenden Satze ergänzt werden, ohne dass durch prädikatives *le* darauf zurückgewiesen zu werden braucht (vgl. Z. II, 554).

a) Nach *comme: si grant cose comme Constantinoble est* p. 44, 18 ; p. 45, 2 ; *qui moult estoit malvais hons et traitres ausi comme il estoit* p. 16, 8.

b) bei einer Vergleichung der Ungleichheit: *et estoit plus drois oires que Alexes ses oncles n'estoit* XXVIII Schl. ; p. 26, 20 ; p 62, 3 u.

c) wenn *si* an der Spitze oder im Innern des Satzes steht: *si fu si lies que nus hons si ne fu* XXXI Schl. ; XCVIII, 10.

4) Die Wiederholung des **Infinitivs** bei einem 2. Verbum unterbleibt gewöhnlich nach *pouvoir: et jou et mi homme nous volons venger d'aus se nous poons* XIII, 7 ; CVIII, 5 ; VII, 3.

5) Die Wiederholung des **Partizips** unterbleibt in f. B.: *et que autant i avoit il fait d'armes et plus que teux chevaliers i avoit il* XCVIII, 12.

6) Bezieht sich ein Verbum auf **mehrere Subjekte**, unter denen sich persönliche Pronomina befinden, so müssen dieselben im Nfrz. durch ein entsprechendes verbundenes Pronomen zusammengefasst werden (Z. V, 366); Rob. kennt diesen Gebrauch nicht: *par tel convenant que g'irai avec et le moitie qui armes porront porter de toute Venice* p. 6, 1 ; p. 8, 7 ; XIII, 6 ; p, 16, 20 ; XXV, 3 p. 25, 21. — Doch sucht Rob. den Mangel eines solchen zusammenfassenden Fürwortes öfters durch die Wendung „*et il et se gent*" zu ersetzen: *si s'esmuet il et il et se gent a venir encontre le marchis* p. 75, 15 ; ebenso: LV, 2 ; CVIII, 7 ; CXII, 9.

7) Kommen einem Verbum **mehrere Objekte** zu, worunter sich pers. Pronomina befinden, so findet im Nfrz. Wiederholung des Fürwortes in der betonten Form statt; bei Rob. war das nicht Regel: *qu'il le lairoit aler et grant partie de se gent avec li* p. 27, 5 ; *et si me feroie crestiener et tous chiax qui a mi se tenroient* p. 44, 8 u. — Jedoch findet sich einmal: *et si le hasterent et lui et chiaus de se companqnie* p. 54, 10.

III. Verkürzung und Auslassung des Nebensatzes.

1) Verkürzte Nebensätze sind bei Rob. selten.

a) Indirekte Frage- oder Relativsätze: *ne ne troveres qui vous port ne que boire ne que menger* XI Sch.; *si fu si esmaris qu'il ne seut faire* XXV, 11 ; *qui s'en aloit ne sai ou* CVIII, 4.

b) Komparativsätze (Z. II, 553): *Si estoit chis ymages si rikes que moult* CXIV, 5 ; *si furent si corchie et si tormente que trop* CIV, 2 ; ebenso: XLI ; p. 40, 1 ; p. 57, 7, 1 ; LXXI, 4 etc. — *tant d'or et d'argent comme une fine merveille* XXIV Sch. — Aber meistens: *que ch'estoit une fine merveille* p. 10, 4 ; LXXXIX, 3 ; p. 84, 6 etc. — Mit hinzutretendem Infinitiv (Z II, 553): *que trop estoit haus hons pour pendre* CIX, 9.

c) Konsekutivsätze: *demenerent si grant goie a l'esmovoir* XIII, 21 ; p. 14, 3.

d) Bedingungssätze: *et si li fist a croire que che ne fu se menchoingne non que on li avoit mis sus* XXI, 8; *se bien non* XLI, 16.

2) Positive Sätze, welche demonstrative Pronomina oder Adverbia enthalten, stehen auch bei Rob. oft ohne daraufolgende Konsekutivsätze (Z. II, 568): *tant leur ares vous paies* p. 48, 5 ; *qui tant avoit fait de mal* p. 17, 2 ; *Quant li serjant virent que li vasles aroit si pourfendu le balliu, si s'en fuirent* XXII, 1 ; ferner: XXXI, 3 v. Schl. ; LXXV, 23 ; p. 71, 5.